Tolle Ideen
Tanz und Bewegung

Kate Harrison, Jane Layton und Melanie Morris

Titel der englischen Originalausgabe:
Bright Ideas - Dance and Movement

Scholastic Publications Ltd., Villiers House,
Clarendon Avenue, Leamington Spa,
Warwickshire CV32 5PR

© 1989 Scholastic Publications Ltd.

Autorinnen: Kate Harrison, Jane Layton, Melanie Morris

Illustrationen: Jane Andrews
Grafik: Liz Preece, Castle Graphics
Titelbild: Jane Andrews, Sue Limb

© 1991 für die deutschsprachige Ausgabe bei
Verlag an der Ruhr
Mülheim an der Ruhr, Postfach 10 22 51

Übersetzung: Wordsworth Translations
Claudia Spinner, Köln
Satz: Comad-Office
Ulla Diallo, Essen
Druck: DAN, Ljubljana (Slowenien)

Gedruckt auf chlorfrei gebleichtem Papier

Alle Rechte der Vervielfältigung und Verbreitung, einschließlich Film, Funk und Fernsehen sowie der Fotokopie und des auszugsweisen Nachdrucks liegen beim Verlag an der Ruhr.
Die gesondert gekennzeichneten Vorlagen im Anhang des Buches dürfen nur für den Gebrauch in der Lerngruppe in Gruppenstärke fotokopiert werden.

ISBN: 3-92 72 79-93-5

VERLAG AN DER RUHR

Inhalt

5 Vorwort

12 Das Wetter

Sonnenschein 13
Schnee 15
Nebel 17
Fliegen wie der Wind 18
Wind 19
Ein Regentanz 22
Regenreime I 23
Regenreime II 24
Stürmisches Wetter 25

26 Wo in der Welt?

Dschungel 27
Wüsten 30
Sümpfe 31
Eiskappen und verschneite Berggipfel 32
Eisberge 34

36 Picknicks und Feste

Das Teddybärpicknick 37
Der Picknickkorb 39
Partyspiele 41
Versteckspiel 44
Eiergerichte 46
Pfannkuchen 47

48 Tiere

Ein Zoobesuch 49
Die drei kleinen Schweinchen 54
Verrückte Hühner 56
Old MacDonalds Haus 57
Der Kaiser und die Nachtigall 58

60 Flug

Ballons 61
Drachen 63

Flugmaschinen 63
Fallschirme 65
Supermenschen 67

70 Zauberei, Geheimnisse und Monster

Meg die Hexe 71
Mog der Zauberkater 72
Eule 73
Megs Eier 74
Das Spukschloß 78
Der chinesische Drache 80
Aladin 83

86 Feuer und Licht

Sonnenschein und Schatten 87
Nachtschatten 88
Spieglein, Spieglein an der Wand 89
Kerzen 90
Feuerwerke 92
Ein Feuertanz 94
Freudenfeuer 95
Brennende Gebäude 96

98 Kleine Tiere

Die Parade der kleinen Tiere 99
Leben im Teich 101
Der Bienenstock 102
Die Geburt eines Schmetterlings 103
Ameisen bei der Arbeit 104
Die Spinne und die Fliege 105
Die furchterregende Tarantel 107
Die Show der kleinen Tiere 110

112 Wir in der Welt

Menschenmengen 113
Eine Schlange an der Bushaltestelle 114
Im Bus 115
Tsch-tsch-tsch 116
Warten am Bahnhof 118
Perfektes Packen 119
Der Zug steht schon bereit 121
Der Supermarkt 123
Die Einkaufstasche fallen lassen 124

Einleitung

Tanz und Bewegung an der Schule hilft Kindern, ihre Fähigkeiten weiterzuentwickeln, sich in einer nicht verbalen Sprache, einer Körpersprache, einer Sprache ohne Wörter, auszudrücken.

Die Schule vermittelt Kindern unterschiedliche Vokabulare, mit denen sie das Leben untersuchen und das, was sie gefunden haben, beschreiben können. Auch Tanz benutzt ein eigenes Vokabular. Es ist in vier Gebiete eingeteilt:

Handlung: Was kann ich machen?

- Gewichtsverlagerung: gehen, sitzen, knien, schaukeln, sich wiegen, sich auf etwas stürzen, fallenlassen, fallen, Handstand, Rad
- Sprung: hüpfen, hochspringen, federn
- Gangarten: laufen, rollen, rutschen, kriechen
- Drehung: sich drehen, Spirale, wirbeln, sich verdrehen
- Gesten: strecken, ausstrecken, balancieren, winken, kicken, nicken, klatschen, ziehen, schieben, ergreifen, umarmen, anlehnen, schlagen

Raum: Wo mache ich etwas?

- Richtung: vorwärts, rückwärts, seitwärts, geradeaus, Krümmung, Zickzack, hinauf, hinunter, hinüber, über, unter, durch, in der Nähe, entfernt, auf etwas zu, weg von, in der Umgebung
- Größe: groß, klein
- Gestalt: gekrümmt, gedreht, spitz

Dynamik: Wie mache ich etwas?

schnell, langsam, fest, sanft, direkt, deutlich, nachlässig, munter, faul

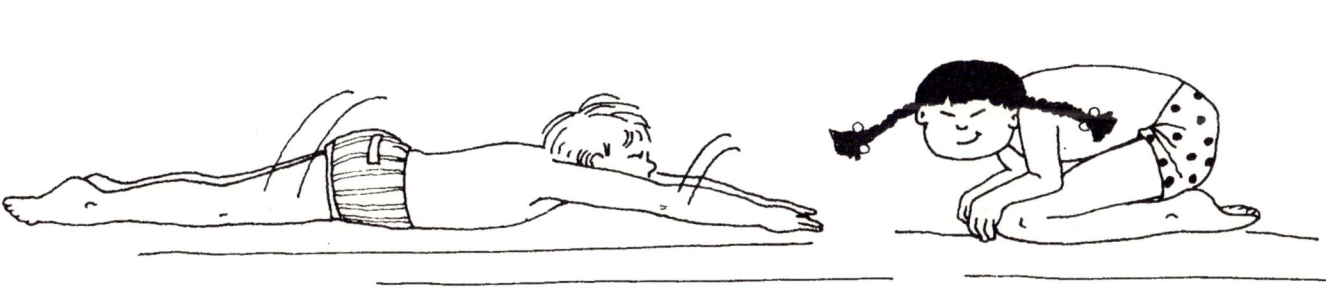

Beziehung: Mit wem mache ich etwas?

sich nähern, sich treffen, auseinandergehen, vorbeigehen, mit, gegen, führen, folgen, fragen, antworten, zusammen, getrennt, einzeln, ich, mein Partner, eine Gruppe

Das sind natürlich nur ein paar Beispiele. Wir können Kindern beibringen, ihre Fertigkeiten auf all diesen Gebieten zu verbessern, dennoch ist Tanz mehr als nur eine Ansammlung geübter Bewegungen. Was Tanz ausmacht, ist die Auswahl eines entsprechenden Bewegungsvokabulars, mit dem ein bestimmtes Bild oder eine Vorstellung erkundet, ausgedrückt oder vermittelt wird.

Das vorliegende Buch demonstriert diesen Prozeß immer wieder in kurzer und knapper Form. Bei jeder Übung ist das Bild oder die Idee fettgedruckt definiert, dann folgen Vorschläge zum Bewegungsmaterial. Die Übungen sind nicht auf Stundenlänge zugeschnitten, meistens

gibt es genug Material für mehrere Stunden, vielleicht sogar für die Arbeit von mehreren Wochen. Das Material braucht weder in der vorgestellten Reihenfolge benutzt werden, noch sind die Übungen Listen oder Abfolgen von Dingen, die nach Rezept befolgt werden müssen. Der Lehrer sollte eher zwei bis vier Bilder aussuchen, die dann eine Stunde ausmachen.

Die Übungen sind in Kapitel aufgeteilt, und am Anfang jedes Kapitels gibt es ein Diagramm, das die einzelnen Übungen aufzeigt. Wenn der Titel des Kapitels dem Thema, das Sie in der Gruppe bearbeiten, entspricht (z. B. **Das Wetter**), werden Sie wahrscheinlich einen Teil oder alles Material in diesem Kapitel gebrauchen können. Die einzelnen Kapitel können natürlich auch miteinander verknüpft werden. Wenn Sie z. B. "Supermenschen" (aus **Flug**) geübt haben, könnten Sie das Katastrophengebiet, zu dem der Supermensch fliegt, z. B. "Brennende Gebäude" (aus **Feuer und Licht**) anschließen. Wählen Sie aus jedem Kapitel oder jeder Liste soviel oder so wenig aus, wie Sie für Ihr Thema oder Ihre Lehrpläne benötigen.

Einige Themen erfordern Material aus verschiedenen Abschnitten. Für ein Thema "Wasser" könnte man Material aus "Regenreime 1" (aus **Das Wetter**), "Eisberge" (aus **Wo in der Welt?**) und "Leben Im Teich" (aus **Kleine Tiere**) verwenden. Ein Projekt über das Chinesische Neujahrsfest könnte Material aus "Drachen" (aus **Flug**), "Drachen und Monster" (aus **Zauber, Geheimnisse und Monster**) "Feuerwerke" (aus **Feuer und Licht**) und "Der Kaiser und die Nachtigall" (aus **Tiere**) beinhalten. Für ein Projekt über eine Legende, zum Beispiel die Ramajana aus Indien, könnte man Material aus den Kapiteln **Das Wetter, Wo in der Welt?, Tiere** und **Feuer und Licht** verwenden.

Wichtig ist, daß man vorsichtig mit den Bildern umgeht. Sie sollten nicht nur den gewünschten Bewegungsinhalt vermitteln, sondern auch die Bedürfnisse, Erfahrungen und Kultur der teilnehmenden Kinder widerspiegeln und ihnen zugänglich sein. Der Text nimmt Rücksicht auf die unterschiedlichen Erfahrungen, die Kinder machen, seien es Erfahrungen aus erster Hand, wie "**Das Wetter**" und "**Wir in der Welt**", oder aus zweiter Hand (mittelbare Erfahrungen), wie z. B. etwas Gelesenes, ein abgemaltes Bild aus einem Buch oder Erfahrungen aus Phantasie oder Vorstellung. Alle Erfahrungen, seien sie alltäglich, häufig oder gelegentlich, können wertvolle Ausgangspunkte für kreative Bewegungsübungen sein.

Diese Erfahrungen unterscheiden sich je nach den persönlichen, sozialen, religiösen oder kulturellen Werten der Lehrer und der Kinder. In "Picknickkorb" (aus **Picknicks und Feste**) z. B. werden knusprige Kartoffelchips vorgeschlagen, die scharfe Umrisse und schnelle Sprünge anregen sollen. Andere Picknickkörbe könnten allerdings auch andere knusprige Dinge enthalten, sowie z. B. Pappadam oder Krupuk. Genauso gibt es auf der ganzen Welt Geschichten über riesige Tiere, die den Leuten Angst einjagen, letztendlich aber besiegt werden. Ein Beispiel ist der "Drache" (aus **Zauber, Geheimnisse und Monster**).

Unser Ziel ist es, dem Benutzer größtmögliche Flexibilität in einer klar definierten Struktur zu erlauben. Wir räumen ein, daß der Text beim ersten Lesen vielleicht rigide wirkt. Das gewählte Format ist jedoch das Resultat vieler Jahre und trägt wiederholten Anregungen von Pädagogen Rechnung. Es funktioniert! Es gibt Lehrern und Erziehern die Möglichkeit, so viel oder so wenig Material auszuwählen, wie sie brauchen, und so das ganze Schuljahr über Woche für Woche kreativ Tanz und Bewegung zu unterrichten. In dieser Weise lernen sowohl Schüler als auch Pädagogen durch Übung. Sie befinden sich zusammen im Prozeß des "Tuns, Machens und Schauens". Ganz egal wie komplex oder einfach das Bewegungsmaterial auch sein mag, sie tragen aktiv zur Entwicklung des Tanzens bei.

Wir hoffen, daß Sie mit der Zeit ihre eigenen Bilder oder Ideen erfinden und sich dann einen entsprechenden Bewegungsinhalt aussuchen. Dieses Buch handelt von tollen Ideen und ist als Ausgangspunkt, nicht Endpunkt für Pädagogen und Schüler gedacht.

Die Rolle der Pädagogen

Sie als Pädagoge stellen die Verbindung zwischen Text und Kindern dar, und wie Sie wissen, sind alle Kinder für Ansichten und Engagement ihrer Pädagogen empfänglich. Sie allein können sehen, wie gut die Kinder die Übungen verstehen und ausführen und wieviel sie noch üben müssen. Nur Sie können loben, ermutigen und etwas zur Qualität der Bewegungen der Kinder sagen. Seien Sie aktives Mitglied, nicht

passiver Beobachter. Das bedeutet nicht unbedingt, daß Sie die Übungen selbst auch machen, sondern daß Sie dafür sorgen, daß die Kinder ihr Bestes geben. Es ist leichter zu erkennen, ob die Kinder nach Qualität streben, als diese in Worten zu definieren. Qualität bedeutet, etwas zu erreichen, was noch nicht da war, oder es besser zu machen als zuvor. Qualität hängt vom Alter und und der Erfahrung des Kindes ab, zeichnet sich aber durch dauerndes Fordern und nie ganz Erreichen aus.

Organisation vor dem Unterricht

Um das Beste aus dem Text zu machen, sollten Sie folgende Vorbereitungen treffen:
- Sehen Sie zu, daß Sie eine Halle oder einen anderen großen Raum, der für Bewegungsübungen geeignet ist, zur Verfügung haben.
- Stellen Sie sicher, daß die Kinder angemessene Kleidung tragen, d. h. eine Turnhose und Hemd, Turnanzug oder "Tanzkleidung". Barfuß ist am besten, aber wenn der Boden alt oder schmutzig ist, sind weiche Schuhe angebracht.
- Besorgen Sie sich verschiedene Schlaginstrumente, z. B. Trommel, Tamburin, Glocken und Holzklötze, die Sie während der Stunde benutzen können.
- Wählen Sie geeignete musikalische Begleitung aus, wenn nötig. Klare, einfache und gut aufgebaute Tonfolgen und Musik können eingesetzt werden, um Bewegungen anzuregen und zu begleiten. Musik ist jedoch nicht absolut notwendig, um erfolgreich kreative Bewegungsabläufe zu entwickeln, geben sie den Kindern also auch genug Zeit zum Ausprobieren und Üben ohne Klang oder musikalische Begleitung.

Während der Stunde

- Beobachten Sie die Reaktionen der Kinder, und sagen Sie etwas dazu.
- Wiederholen Sie eine Übung, wenn Sie mit den Kindern nicht zufrieden sind.
- Seien Sie sich immer der Verteilung der Kinder im Raum gewahr, und legen Sie Wert darauf, daß die Kinder sich nicht in einem Haufen bewegen.
- Achten Sie darauf, daß die Kinder auf Kommando anfangen und aufhören.
- Fragen Sie die Kinder nach neuen Ideen.
- Merken Sie sich die Reaktionen, die die Kinder auf die angegebenen Rahmenideen zeigen.
- Schauen Sie immer, ob es Kinder gibt, die Hilfe brauchen, oder Kinder, die sie bitten können, eine Übung für die anderen zu demonstrieren. Zuschauen hilft den Kindern, ihre eigenen Bemühungen zu vergleichen und zu beurteilen und ihren eigenen Leistungsstandard anzuheben. Achten Sie auf Kinder, die ihren eigenen persönlichen Standard verbessert haben, und vermeiden Sie es, immer dieselben Kinder auszuwählen.

Nach der Stunde

Die Ideen und Bilder in den Übungen können, wie bereits beschrieben, als Sprungbrett für andere Übungen benutzt werden.

Dieses Buch gibt Ihnen mindestens 500 tolle Bewegungsideen. Scheuen Sie sich nicht, zusätzlich eigene tolle Ideen zu entwickeln.

Kate Harrison
Jane Layton
Melanie Morris

Das Wetter

Das Wetter gehört für Kinder zum Alltag und liefert unmittelbare Erfahrungen, aus denen wertvolle kreative Bewegungsübungen abgeleitet werden können.

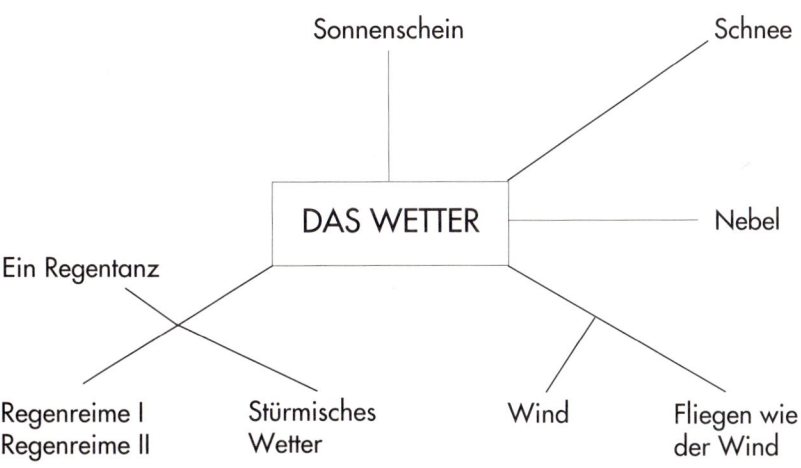

Sonnenschein

Altersstufe
5 - 11 Jahre

Schwerpunkt
Hüpfübungen, einzeln und in Paaren, in einer Reihe und im Kreis
Wir sind froh, daß die Sonne scheint, laßt uns also einen Hüpftanz machen!

Hüpfen:
- einzeln, vom Platz weg und zurück, vorwärts, rückwärts und seitwärts
- in Zweiergruppen, vom Platz weg und zurück, führen und folgen, sich an den Händen halten, vorwärts, rückwärts und seitwärts
- die ganze Gruppe in einer Reihe, auf Kommando den "Vortänzer" wechseln, der vorige schließt sich hinten wieder an und macht einem neuen Platz, der weitermacht

- mehrere Kleingruppen bilden Reihen und passen auf, daß sie einer anderen Reihe nicht in die Quere kommen
- die ganze Gruppe im Kreis, erst in eine Richtung, dann in die andere, in die Mitte und zurück
- die ganze Gruppe im Kreis, ein Kind hüpft um den Kreis und zurück zum Ausgangspunkt, die anderen klatschen
- die Kinder sind im Raum verteilt, ein Vortänzer hüpft zwischen ihnen umher. Er tippt ein Kind nach dem anderen leicht an die Schulter, und die Kinder reihen sich dann hinter ihm ein, um eine Hüpfreihe zu bilden
- Wiederholen Sie dies mit mehreren Vortänzern, die gleichzeitig anfangen. Integrieren Sie Klatschen während des Hüpfens, vor dem Bauch klatschen, hinter dem Rücken, über dem Kopf und unter den Knien.

Schnee

Altersstufe
5 - 9 Jahre

Schwerpunkt
Gegenüberstellung von leicht und schwer, groß und klein

Kleine Schneeflocken rieseln und fallen.
Die Kinder beginnen am Platz mit hoch emporgestreckten Armen und bewegen dann die Finger leicht und sanft, während sie die Arme langsam am Körper entlang heruntersinken lassen.

Weiche, flaumige Schneeflocken fallen.
Die Kinder machen leichte schnelle Hüpfer, Sprünge, Sätze und Drehungen von einem Platz zum anderen Platz, mit ausgestreckten Armen.

Schnellfallende Flocken werden zu einem wirbelnden Schneesturm.
Üben Sie schnelle, glatte Drehungen, hoch und niedrig, mit Pausen vor einem Richtungswechsel. Achten Sie darauf, daß die Arme während der Drehungen ausgestreckt sind und in den Pausen um den Körper kreisen. Halten Sie die Kinder an, zuerst Sprünge und Drehungen zu machen, dann in den Pausen das Gleichgewicht zu halten.

Du hast einen Schneemann gebaut!
Die Kinder gehen langsam aus einer zusammengerollten Form am Boden in eine große, breite, aufrechte Haltung über. Sie bleiben mit gespreizten Beinen und ausgestreckten Armen stehen.

Die Sonne kommt heraus!
Die Kinder lassen aus einer weiten, ausgestreckten Haltung einen Körperteil nach dem anderen langsam und gleichmäßig zu Boden sinken, bis der ganze Körper flach in einer "Pfützengestalt" am Boden liegt.

Eine Schneedecke
Die Kinder beginnen in ausgestreckter, stehender Haltung, dann lassen sie sich langsam und gleichmäßig zu Boden sinken, während sie mit gestreckten Armen und Beinen weite, ausgestreckte "Schneekristallformen" vor dem Bauch oder auf dem Rücken machen. Dann schließen sie sich einer anderen Schneekristallform in der Nähe mit Fingern und Zehen an.

Durch tiefen Schnee stapfen
Legen Sie Wert auf große schwere Schritte vorwärts, rückwärts, seitwärts und im Kreis, mit ausgestreckten Armen, um das Gleichgewicht zu halten.

Schneeballen in tiefem Schnee rollen
Die Kinder beginnen eng zusammengerollt auf einem Platz auf dem Boden. Dann rollen sie gleichmäßig und kräftig vorwärts, rückwärts, seitwärts und im Kreis und versuchen dabei, ihre Form zu halten.

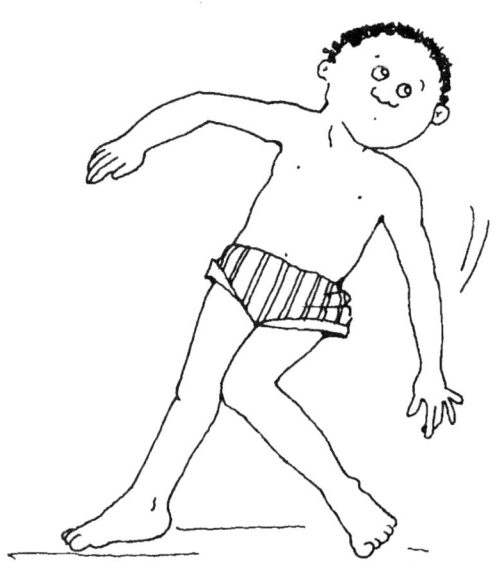

Nebel

Altersstufe
5 - 11 Jahre

Schwerpunkt
Richtungen: vorwärts, rückwärts und seitwärts

Es ist so neblig, daß man nicht sehen kann, wohin man geht.
Die Kinder machen einzeln oder mit Partner lange, niedrige, langsame Schritte, abwechselnd vorwärts, rückwärts und seitwärts, vor einem Richtungswechsel bleiben sie kurz stehen.

Es ist so neblig, daß man nicht erkennen kann, wo sich was befindet. Eine Katze streicht hinten an den Beinen vorbei. Iiiiih!
Die Kinder machen das gleiche wie bei der letzten Übung, dann aber plötzlich einen Sprung nach vorne.

Ein Tor öffnet sich und stößt sie an die Hüfte. Aua!
Die Kinder machen dasselbe wie oben, dann aber plötzlich einen Sprung seitwärts.

Wer hat diese Laterne dort aufgestellt? Ein Fahrrad rast vorbei. Hoppla!
Die gleichen Schritte wie oben, dann springen die Kinder plötzlich zurück und machen mit Hilfe der Arme eine schnelle Drehung.

Was ist dieses Geräusch, und woher kommt es?
Die Kinder stellen sich mit einer Hand hinter dem Ohr hin, den Kopf auf die Seite gelegt, strecken sich dann langsam weiter und halten das Gleichgewicht. Sie machen die Übung in verschiedenen Positionen, den Kopf nach vorne, nach hinten, nach oben oder unten.

Fliegen wie der Wind

Los, Wind blas',
Feg', Wind, wuschhh.
Schüttle die Sachen,
rüttle die Sachen,
laß die Sachen fliegen,
laß sie erklingen,
laß sie sich wiegen,
wirf sie hoch hinauf.
Los, wind, blas',
Feg sie hin und her, hui...
Nein, Wind, nein,
 nicht mich -
 nicht mich.

Lilian Moore

Altersstufe
7 - 11 Jahre

Schwerpunkt
Anhand der Wörter "los", "blasen", "fegen", "wuschhh", "schütteln", "rütteln", "fliegen", "erklingen", "wiegen", "werfen" und "hui" werden dynamische Kontraste verdeutlicht.

Los, Wind, blas'
Die Kinder laufen in viele verschiedene Richtungen und verharren dann in einer Position.

Feg', Wind, wuschhh
Die Kinder schieben sich mit den Händen vorwärts und laufen dann zu einem neuen Platz.

**Schüttle die Sachen,
rüttle die Sachen,
laß' sie fliegen.**
Die Kinder schütteln ihren ganzen Körper, Hände, Finger und Kopf. Stellen Sie dem eine von oben nach unten gleitende Bewegung gegenüber.

**Laß sie erklingen,
laß sie sich wiegen,
wirf sie hoch hinauf.**
Die Kinder machen Dreh- und Wirbelbewegungen, die in Luftsprüngen enden.
**Los, Wind, blas',
Feg' sie hin und her, hui...**
Die Kinder wiederholen die ersten beiden Teile, rufen dann "hui" und machen von hoch oben herabstürzende Bewegungen.
**Nein, Wind, nein,
nicht mich - nicht mich.**
Die Kinder drehen sich weiter und rollen sich aus weit ausgestreckter Haltung zu einem festen Ball zusammen.

Wind

Altersstufe
5 - 11 Jahre

Schwerpunkt
sich auf unterschiedliche Art und Weise bewegen und stehenbleiben

Kleine Windstöße
Die Kinder beginnen mit leicht angewinkelten Knien, gekrümmtem Rücken und gerundeten Armen, dann heben sie schnell und leicht den Kopf oder strecken einen Arm oder einen Fuß in die Luft, bevor sie langsam und sanft wieder in die Ausgangsposition zurückkehren. Mit dieser Idee als Ausgangspunkt beginnen sie in einer gerundeten Position auf den Knien oder auf dem Rücken. Machen Sie zwischen jeder Position eine Pause, und lassen Sie den Kindern Zeit, den Kopf, die Arme oder Beine langsam wieder anzuziehen, um in eine neue Position zu wechseln, wie z. B. von aufrechter Haltung auf die Knie.

Wirbelwind
Die Kinder machen schnelle, aufwärtsgerichtete Spiralbewegungen, bis sie auf Zehenspitzen stehen und die Arme nach oben ausgestreckt sind, dann abwärtsgerichte Spiralen in die andere Richtung, und lassen die Arme sinken. Schließlich machen sie Auf- und Abwärtsspiralen mit Platzwechseln und einer Pause vor jeder Aufwärtsspirale.

Orkan
Verbinden Sie die Wirbelwindbewegungen mit kräftigen, hohen Sprüngen in die Luft.

Wirbelstürme und Orkane biegen kleine Bäume...
Beide Füße stehen fest auf dem Boden, die Knie sind gebeugt und die Arme nach vorne, nach hinten oder zur Seite hin ausgestreckt. Die Kinder beugen sich dann langsam in der Hüfte vorwärts, rückwärts und seitwärts, so weit wie möglich, ohne das Gleichgewicht zu verlieren. Sie beugen sich, von der Hüfte ausgehend, bis sie gestreckt stehen und einen Fuß belasten.

...und sogar große alte Bäume mit tiefen Wurzeln.
Stellen Sie große Gruppenformationen zusammen, die einander an Hüfte, Rücken oder Schultern berühren, mit so vielen Armen und Beinen wie möglich von sich gestreckt. Alle Kinder wiegen und biegen sich so weit wie möglich in verschiedene Richtungen, bleiben aber zusammen.

Bäume brechen auseinander und splittern.
Einzeln oder in einer Gruppenformation lassen die Kinder die Arme abwärts schnellen, stampfen mit den Füßen und stürzen zu Boden.

Wirbelstürme und Orkane bringen hohe Gebäude zum Schwanken...
Die Kinder bilden hohe Gruppenformationen, indem sie sich auf die Zehenspitzen stellen, einen oder beide Arme nach oben strecken oder ihre Beine und Füße nach oben strecken und sich auf den Schultern abstützen. Sie wiegen und beugen sich soweit wie möglich in verschiedene Richtungen.

...die schließlich einstürzen.
Ein Kind nach dem anderen läßt sich aus einer hohen Gruppenformation fallen, geht in die Hocke oder rollt sich zusammen, bevor es schnell von der Gruppe wegrollt.

Der Wind verwüstet die Strasse, Mülleimerdeckel rollen.
Die Kinder rollen, manchmal schnell, manchmal langsam. Nun lassen Sie sie langsam und gleichmäßig radschlagen. Achten Sie darauf, daß die Bewegung rund ist.

Schachteln springen und fliegen.
In ausgestreckter, flacher Haltung oder in den Hüften zu einem klaren rechten Winkel abgeknickt hüpfen die Kinder mit deutlichen Bewegungen von einem Fuß auf den anderen, drehen sich manchmal oder machen eine klare Pause und halten das Gleichgewicht. Dann schlagen sie schnell und ruckartig Rad. Legen sie Wert auf die Deutlichkeit der Bewegung und daß die Kinder zwischen den Drehungen eine klare Form halten.

Tore gehen auf und fallen zu.
Die Kinder üben in Zweiergruppen, stehen aufrecht und strecken einen Arm nach oben aus. Dann strecken sie einen Arm oder Fuß nach vorne oder zur Seite, so daß sie zusammen mit dem Partner ein "Tor" bilden. Sie öffnen das "Tor" langsam, indem sie sich so weit wie möglich drehen. Dann schließen sie das "Tor" schnell wieder, so daß Arme und Beine wieder zusammenkommen.

Die Kraft des Windes
Mischen Sie alle vorhergehenden Ideen. Einige Kinder können die Art und Weise, wie der Wind sich bewegt, üben, während andere die verschiedenen Auswirkungen auf Bäume, Gebäude und Tore ausprobieren.

Ein Regentanz

Altersstufe
5 - 11 Jahre

Schwerpunkt
Schlaginstrumente benutzen, um Bewegung anzuregen und zu begleiten

Das Land ist trocken - es hat seit Monaten nicht geregnet - ein Regentropfen fällt auf die Erde - plitsch-platsch.
Spielen Sie auf dem Xylophon beliebige Noten und weisen Sie die Kinder an, mit abrupten, leicht spitzen Bewegungen ihre Haltung zu verändern, indem sie Knie, Ellbogen, Finger und den Kopf benutzen, um Regentropfen darzustellen.
Ein Regentropfen nach dem anderen fällt, schneller und schneller wirbeln sie herum.
Die Kinder hüpfen im Raum hin und her und bleiben in ihrer spitzen Haltung.

Dann gehen sie allmählich zu ununterbrochenem Laufen über, machen runde Armbewegungen und kreisen auf verschiedenen Höhen.
Die Regentropfen sammeln sich in kleinen Pfützen auf dem matschigen Boden.
Auf einen sanften Schlag mit den Becken bilden die Kinder Fünfer- oder Sechsergrupppen. Jede Gruppe drängt sich in einer niedrigen Formation eng zusammen.
Die Pfützen werden größer und größer.
Von einem leisen Rollen mit den Becken begleitet, strecken sich die Kinder langsam aus.
Plötzlich breitet sich das Wasser in alle Richtungen aus.
Machen Sie krachende Geräusche mit den Becken und schütteln Sie danach die Rumbakugeln. Die Gruppen brechen auseinander, die einzelnen Kinder rennen auf andere Plätze und machen eine Pause.
Das Land ist von Bächen bedeckt, die sich vereinigen und einen Fluß bilden, der in seinem Bett dahinrauscht.
Führen Sie die Gruppe in einer langen Reihe. Die Kinder formen Bachläufe, die sich durch die Landschaft winden, indem sie mit den Armen schieben und sich beim Laufen auf und nieder bewegen. Üben Sie dies zuerst einzeln.

Regenreime I

Regen, Regen, geh' doch fort,
bleib' an einem andern Ort.

Altersstufe
3 - 7 Jahre

Schwerpunkt
einfache, rhythmische Ganzkörperbewegungen auf der Stelle, von einem Platz zum anderen und im Raum

Sammeln Sie die Kinder zuerst um sich herum, und singen Sie den Reim mehrere Male durch. Klatschen Sie dann den Rhythmus der Worte und stampfen ihn mit, wobei Sie entweder im Sitzen mit den Füßen auf den Boden schlagen oder im Stehen auf der Stelle stampfen. Üben Sie diese Bewegungen und fordern Sie die Kinder auf, im Raum von einem Platz zum anderen zu stampfen und dabei zu klatschen, während sie den Reim nachsprechen.

Wenn alle diesen langsamen, kräftigen Stampf- und Klatschrhythmus verstanden haben, teilen Sie die Kinder in zwei Gruppen ein: Eine Gruppe singt und stampft "Regen, Regen, geh' doch fort", die andere antwortet "Bleib' an einem andern Ort". Benutzen Sie die Wörter "Geh' doch fort" und "andern Ort" um Vorwärts- und Rückwärtsbewegungen einzuführen. Denken Sie sich andere Arten der Bewegung zu diesem Rhythmus aus - springen, hüpfen, hopsen oder galoppieren.

Regenreime II

Plitsch, platsch, plitsch, platsch,
Hör doch nur die Regentropfen.
Plitsch, platsch, plitsch, platsch,
wie sie an die Fenster klopfen.

Altersstufe
3 - 7 Jahre

Schwerpunkt
Leichtigkeit und Kraft

Stellen Sie den kräftigen, rhythmischen Stampfschritten von "Regen, Regen, geh' doch fort" ein leichtes Klopfen mit den Fingerspitzen auf den Boden zum Takt der obigen schnellen, geflüsterten Worte gegenüber. Die Kinder laufen dann schnell und leise von Platz zu Platz und flüstern die Wörter des Reims. Lassen Sie die Kinder am Ende jeder Zeile stehenbleiben, und nutzen Sie dies aus, um die Ausdehnung und die Leichtigkeit der Bewegungen zu kontrollieren.

Es gibt noch viele andere traditionelle Regenreime, z. B. "Es regnet, es regnet, die Erde wird naß", die auf diese Art und Weise benutzt werden können.

Stürmisches Wetter

Altersstufe
fünf bis elf Jahre

Schwerpunkt
Sie verwenden die Wörter "grollen", "blitzen", "wehen", "sammeln", "brechen" und "sich spannen", um Bewegungen anzuregen, die in strengem Gegensatz zueinander stehen.

Der Donner grollt!
Die Kinder rollen aus aufrechter Haltung auf den Boden.
Es blitzt!
Die Kinder springen ruckartig hin und her und lassen ihre Arme und Finger oben und unten herausschnellen, mit kurzen, abgehackten Bewegungen.
Der Wind weht!
Die Kinder machen wirbelnde, kreisende, rauschende und schiebende Bewegungen.
Wolken türmen sich auf.
Die Kinder sammeln sich auf einem Haufen und bilden ein riesiges, aus der ganzen Gruppe bestehendes Wolkengebilde, dann erheben sie sich gemeinsam.
Ein Wolkenbruch
Die Kinder springen und stürzen davon, laufen von einem Platz zum anderen und bleiben dort stehen, um den sich aus einer Wolke aufs Land ergießenden Regen darzustellen.
Ein Regenbogen spannt sich über den Himmel.
Lassen Sie die Kinder einzeln, in Zweiergruppen oder größeren Gruppen eine Bewegung machen, bei der sie sich ausbreiten, um die gewölbte Form des "Regenbogens" nachzuahmen.

Wo in der Welt?

Dieses Kapitel benutzt verschiedene Klimazonen und Landschaften als Ausgangspunkt für Bewegung.

Die Vorstellungen, durch den Dschungel zu reisen, eine Wüste oder Sümpfe zu überqueren oder über verschneite Berggipfel und Bergkämme zu steigen, werden durch eine Reihe von passenden, gegensätzlichen Bewegungen dargestellt.

Riesige Blätter entfalten sich und breiten sich im Dschungel aus. Die Kinder beginnen klein zusammengerollt an einem Platz, richten sich dann mit beiden Füßen langsam und kräftig auf und gehen zu einer weiten, gestreckten Haltung über, wobei sie auf einem Fuß das Gleichgewicht halten. Experimentieren Sie mit nach vorne oder nach hinten verschobenen Gleichgewichtshaltungen.

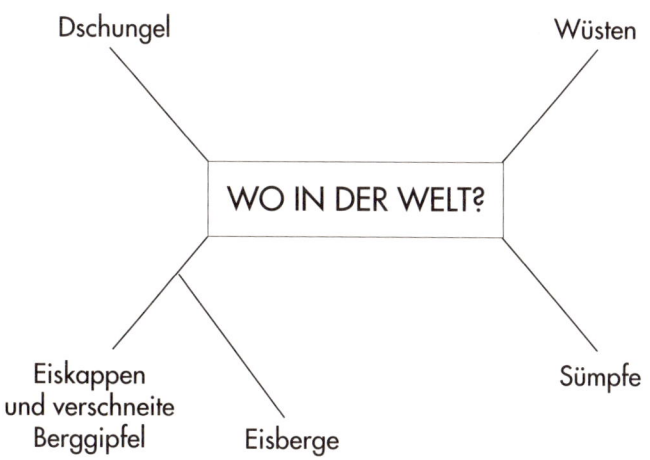

Dschungel

Altersstufe
fünf bis elf Jahre

Schwerpunkt
Die Begriffe über, unter, herum und durch werden anhand von unterschiedlichen Gruppenformationen illustriert.

Die Riesenblätter, von der Sonne verdorrt, verwelken und sterben ab.
Die Kinder strecken sich in eine Gleichgewichtsposition, gehen dann aus dem Gleichgewicht und falten ihre Arme und Beine schnell in Hockhaltung zusammen. Sie landen vorsichtig auf dem Boden und rollen dann zu einem Ball zusammengerollt schnell von einem Platz zum anderen.

Neue Blätter strecken sich empor und entfalten sich, alte Blätter sterben ab und verwesen auf dem Waldboden.
Setzen Sie die ganze Bewegungsfolge zusammen. Die Kinder beginnen zusammengerollt und strecken sich langsam in eine weite, ausgestreckte Gleichgewichtshaltung, lassen sich vorsichtig fallen, rollen sich zu einem Knäuel zusammen und auf einen neuen Platz. Dann fangen sie wieder von vorne an.

Entwickeln Sie diese Übung weiter, so daß Sie die Abfolge zu verschiedenen Zeiten beginnen lassen, und die Kinder sich dann in weiten Gleichgewichtshaltungen ausstrecken und sich über bereits rollende Kinder beugen.

Verschlungene Gewächse im Unterholz
Die Kinder rollen sich in Dreiergruppen klein zusammen und wachsen dann zu einer weiten, ausgestreckten Form. Achten Sie auf große Abstände zwischen Armen und Beinen. Diese Form geht in eine Gleichgewichtshaltung über und die Kinder rollen zusammen zu einem neuen Platz.

Forscher bewegen sich über, unter, durch das und am Unterholz vorbei.
Teilen Sie die Gruppe in zwei Hälften und bitten Sie sie, Dreiergruppen zu bilden. Eine Hälfte stellt wachsende, verschlungene Unterholzgewächse dar, die andere kriecht vorsichtig darüber, darunter und an den verschiedenen verschlungenen Unterholzformationen vorbei. Achten Sie darauf, daß die Gruppen sich abwechseln.

Wie kommen wir durch das dichte, dunkle Unterholz?
Die Kinder gleiten und rutschen langsam und kräftig auf dem Bauch, den Seiten und dem Rücken und machen langsame und vorsichtige Rückwärtsrollen.

Wie überwinden wir das Dornengestrüpp?
Die Kinder machen langsame, vorsichtige, weite Schritte und heben dabei ihre Beine hoch. Dann machen sie leichte, weite Sprünge und benutzen ihre Arme, um das Gleichgewicht zu halten, und leichte hohe Hüpfer, vorwärts, rückwärts und seitwärts.

Wie umgehen wir die hohen, dunklen Baumstämme?
Die Kinder schleichen mit langsamen, vorsichtigen Schritten auf verschlungenen Wegen und drehen sich ab und zu einmal vor einem Richtungswechsel im Kreis herum.

Wüsten

Altersstufe
fünf bis elf Jahre

Schwerpunkt
Die Beschaffenheit von Sand dient dazu, Gehen, Gleichgewicht und Rollen zu üben.

Auf brennend heißem Sand gehen
Die Kinder machen leichte, gezielte Schritte, und ziehen die Füße mit hohen Knien vom Boden weg. Sie bewegen sich vorwärts, rückwärts, seitwärts und im Kreis, mit schnellen leichten Sprüngen und Hüpfern.

Durch Sand waten
Die Kinder machen langsame, schwere Schritte und halten mit den Armen das Gleichgewicht.

Eine Sanddüne hinunterrollen...und platsch in eine Oase hinein!
Die Kinder rollen in einer klein zusammengeringelten oder langen, schlanken Haltung über den Boden und machen dann einen großen Sprung in die "Oase" hinein oder heraus.

Machen Sie diese Übung in Zweiergruppen, so daß ein Kind schnell rollt, während das andere langsame, watende Schritte macht. Die beiden fassen sich dann am Handgelenk, und das watende Kind hilft dem anderen aus der Oase. Sie enden mit einem riesigen Sprung, dann Rollenwechsel.

Sümpfe

Altersstufe
sieben bis zehn Jahre

Schwerpunkt
Die Beschaffenheit des Sumpfes dient dazu, Sprünge, Drehungen und Schritte anzuregen.

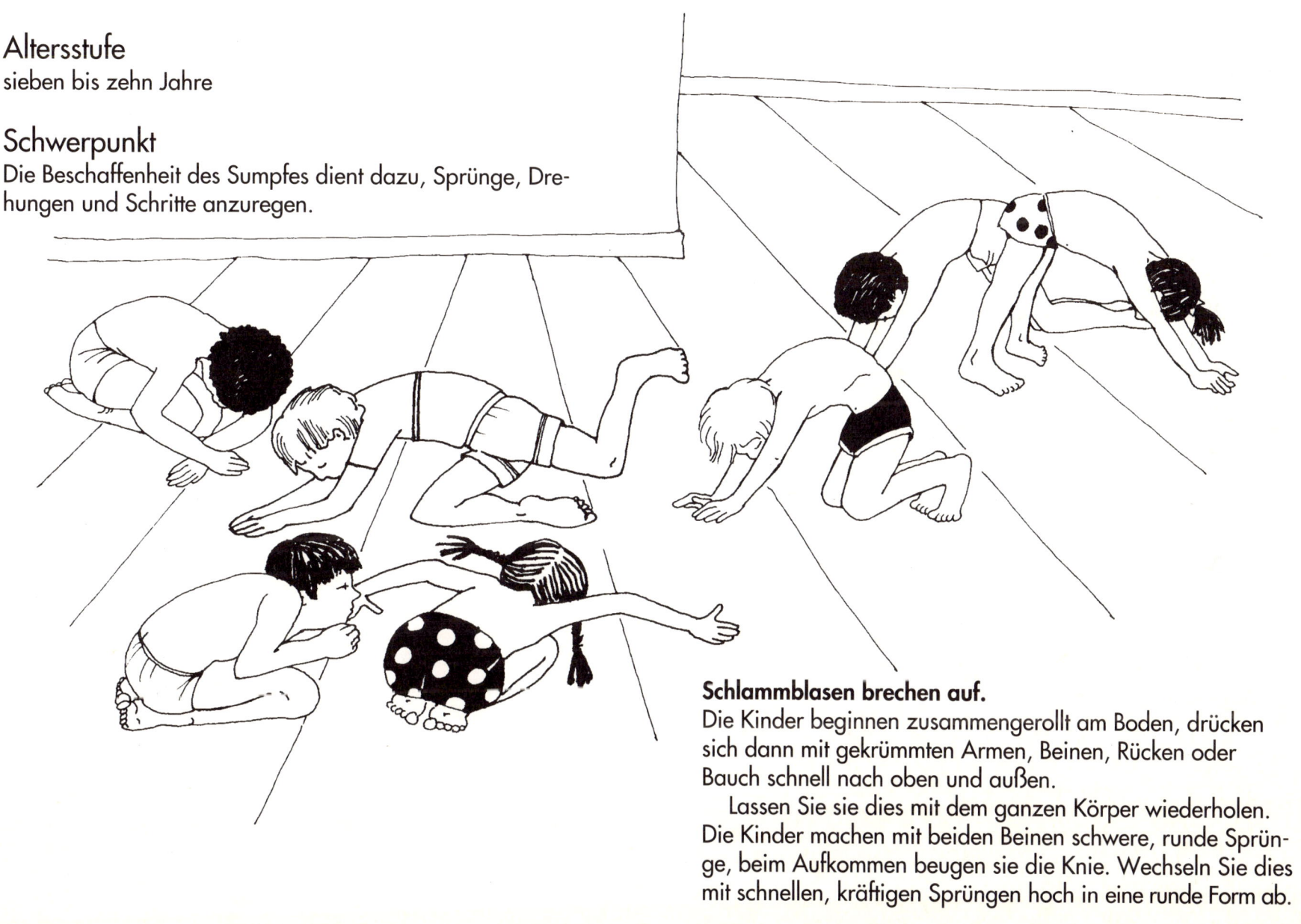

Schlammblasen brechen auf.
Die Kinder beginnen zusammengerollt am Boden, drücken sich dann mit gekrümmten Armen, Beinen, Rücken oder Bauch schnell nach oben und außen.

Lassen Sie sie dies mit dem ganzen Körper wiederholen. Die Kinder machen mit beiden Beinen schwere, runde Sprünge, beim Aufkommen beugen sie die Knie. Wechseln Sie dies mit schnellen, kräftigen Sprüngen hoch in eine runde Form ab.

Eiskappen und verschneite Berggipfel

Altersstufe
fünf bis neun Jahre

Schwerpunkt
Gangarten, das Gleichgewicht halten, über etwas springen und sich hinter etwas verstecken

Einen Gebirgskamm überqueren
Die Kinder gehen auf Zehenspitzen langsam und vorsichtig auf einer geraden Linie entlang, setzen einen Fuß genau vor den anderen, die Arme helfen, das Gleichgewicht zu halten.

Langsam aufsteigender Dampf
Die Kinder drehen sich in einer Spiralbewegung langsam und gleichmäßig auf- und abwärts. Die Kinder sollten sich zuerst in eine Richtung drehen, dann in die andere, so daß ihnen nicht schwindlig wird.

Durch den Sumpf waten - Ich bin steckengeblieben! Hilfe!
Die Kinder machen lange, schleifende Schritte, dann bleibt ein Körperteil stecken. Bitten Sie die Kinder zu zeigen, welches Körperglied steckengeblieben ist: ein Arm? ein Fuß? Lassen Sie sie ziehen und zerren, um das steckengebliebene Teil zu befreien.

Ein messerscharfer Gebirgskamm
Die Kinder bewegen sich wie bei der vorigen Übung, aber mit Pausen, in denen sie deutlich auf einem oder beiden Füßen das Gleichgewicht halten.

Von Eisberg zu Eisberg springen. Vorsicht, nicht ins eiskalte Meer fallen!
Die Kinder machen leichte und vorsichtige Sprünge, Hüpfer, Sätze und halten das Gleichgewicht, sie landen auf einem oder beiden Füßen. Nach jeder Gleichgewichtshaltung drehen sie sich, um in eine andere Richtung zu springen.

Schnell - versteckt euch! Der Eisbär kommt!
Die Kinder laufen mit schnellen, leichten Schritten von einem Platz zum anderen. Auf das Kommando "verstecken" verharren sie in ihrer Gestalt.

Sich hinter einem kleinen, zerklüfteten Felsbrocken verstecken
Die Kinder kauern sich in einer kleinen runden Form zusammen und verhalten sich sehr still. Üben sie Laufen und Stehenbleiben auf Komando.

Sich hinter einem Tropfstein verstecken
Die Kinder strecken sich nach oben, machen sich lang und dünn und stehen auf Zehenspitzen mit erhobenen Armen. Wiederholen Sie Laufen und Stehenbleiben auf Kommando.

Es gibt kein Versteck. Schnell! Leg dich flach auf den Eisberg!
Die Kinder legen sich flach ausgestreckt auf den Boden.
Wo willst du dich dieses Mal verstecken? Hinter einem kleinen zerklüfteten Felsbrocken oder einem Tropfstein?
Wiederholen Sie die Lauf- und Stoppreihe, und geben Sie den Kindern bei jedem Stehenbleiben eine Wahl zwischen verschiedenen Versteckgestalten. Achten Sie auf klare, ruhige Körperhaltung. Nur die Augen bewegen sich, um zu sehen, wo sich die anderen verstecken.

Eisberge

Altersstufe
fünf bis elf Jahre

Schwerpunkt
sich klein und groß machen, langsam und schnell

Scharfe, gezackte Eisberge ragen aus dem Meer.
Die Kinder rollen sich zusammen und strecken sich dann langsam und kräftig in scharfer, eckiger Haltung mit angewinkelten Ellbogen und Knien nach oben aus oder in einer lang ausgestreckten Haltung mit gestreckten Armen, Beinen

und Fingern. Dann verschieben die Kinder das Gleichgewicht nach vorn oder auf die Seite.

Eisberge brechen auseinander, zersplittern und bersten.
Die Kinder machen scharfe, ruckhafte Schlagbewegungen mit Armen, Beinen, Rücken und Kopf und machen schließlich eine deutliche Pause, bevor sie auf einen neuen Platz sinken.

Eisberge tropfen, wenn sie in der Sonne schmelzen.
Die Kinder gehen aus einer zusammengerollten Haltung am Boden zu scharfen, spitzen Formen über und halten dabei das Gleichgewicht.

Welcher Teil des Eisbergs schmilzt zuerst? Die Spitze? Eine Seite? Das Unterteil?
Die Kinder lassen einen Körperteil langsam und gleichmäßig zu Boden sinken. Sie beginnen mit dem Kopf, einem Arm, dem Rücken oder einem Bein, bis alle Körperteile schlaff hängen, und lassen sich dann auf den Boden plumpsen.

Riesige, sich auftürmende Eisberge
In Dreiergruppen strecken sich die Kinder in eine scharfe, spitze, gezackte Haltung und halten auf verschiedenen Höhen das Gleichgewicht.

Picknicks und Feste

Picknicks, Feste und Snacks sind gute Ausgangspunkte für eine Reihe von Bewegungen und Spielen, die Spaß machen.

Es gibt Themen für die ganz Kleinen, wie z.B. "Das Teddybärpicknick". Ältere Kinder werden ihren Spaß daran haben, mit der Gruppe einen Wald zu bilden und dann "Versteck" zu spielen.

Oder organisieren sie mit der Gruppe ein imaginäres Picknick oder ein Fest und spielen sie musikalische Standbilder, Kreisspiele- und Polonaisen.

Themen über das Essen sind z. B. "Eier kochen" und "Pfannkuchen machen", und im "Picknickkorb" gibt es eine ganze Menge Überraschungen.

Machen Sie einfach das, was Spaß macht! Dafür ist ein Fest schließlich da!

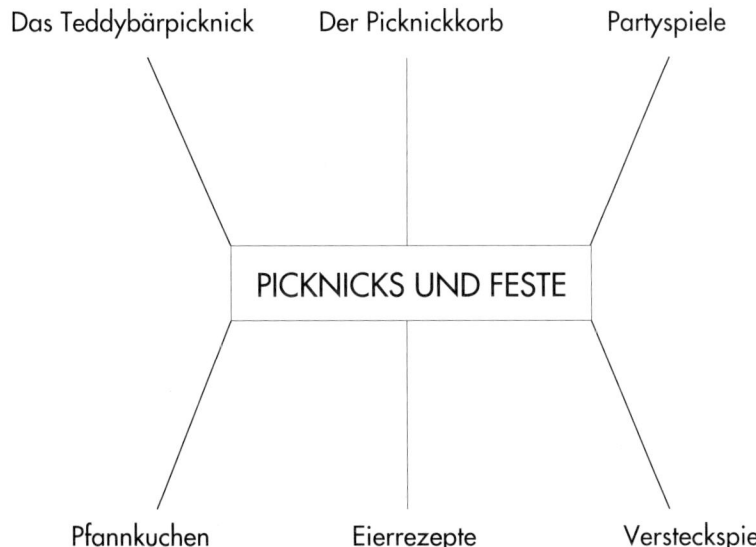

Das Teddybärpicknick

Altersstufe
drei bis sieben Jahre

Schwerpunkt
Die tapsige Art kleiner Bären dient als Anregung zu einer Reihe von Bewegungen.

Große Bären
Die Kinder drücken sich aus einer runden Körperhaltung mit geballten Fäusten nach oben und außen, in eine breite, ausgestreckte Gestalt.

Springende Bären
Die Kinder springen in eine ausgestreckte Haltung mit gespreizten Beinen.

Kleine Bären
Die Kinder laufen schnell und leise auf Händen und Füßen von einem Platz zum anderen und bleiben gelegentlich stehen.

Ungezogene Bären
Die Kinder laufen und bleiben stehen oder gehen in die Hokke, als würden sie Versteck spielen.

Miteinander spielen
Die Kinder bilden Zweiergruppen, fassen sich an den Händen und tanzen auf der Stelle im Kreis, oder sie fassen sich an den Händen und hüpfen an der Wand des Raums entlang. Ein Kind stellt sich hinter das andere, und sie marschieren mit häufigem Stehenbleiben und Richtungswechseln von einem Platz zum nächsten.

Zirkusbären balancieren auf einem Seil
Die Kinder balancieren mit einem Bein in der Luft, dann auf Händen und Füßen, schließlich auf Händen und Knien, mit einem oder zwei Beinen bzw. Händen in der Luft. Sie bewegen sich vorsichtig auf einer geraden Linie, bleiben stehen und halten in verschiedenen Positionen das Gleichgewicht.

Akrobatenbären
Die Kinder hüpfen, springen hoch, rollen sich und halten das Gleichgewicht. Fördern sie individuelle Ideen, legen sie aber Wert auf Sicherheit.

Das Teddybärpicknick:
Eine Unmenge Honig
Die Kinder ziehen "klebrige" Hände und Füße langsam vom Boden weg.

Wackelpudding
Die Kinder schütteln sich, wackeln und wabbeln auf und nieder.

Ein großer runder Kuchen
Die Kinder strecken sich langsam und verteilen sich entlang der Wand des Raumes so, daß sie einen großen Kreis bilden.

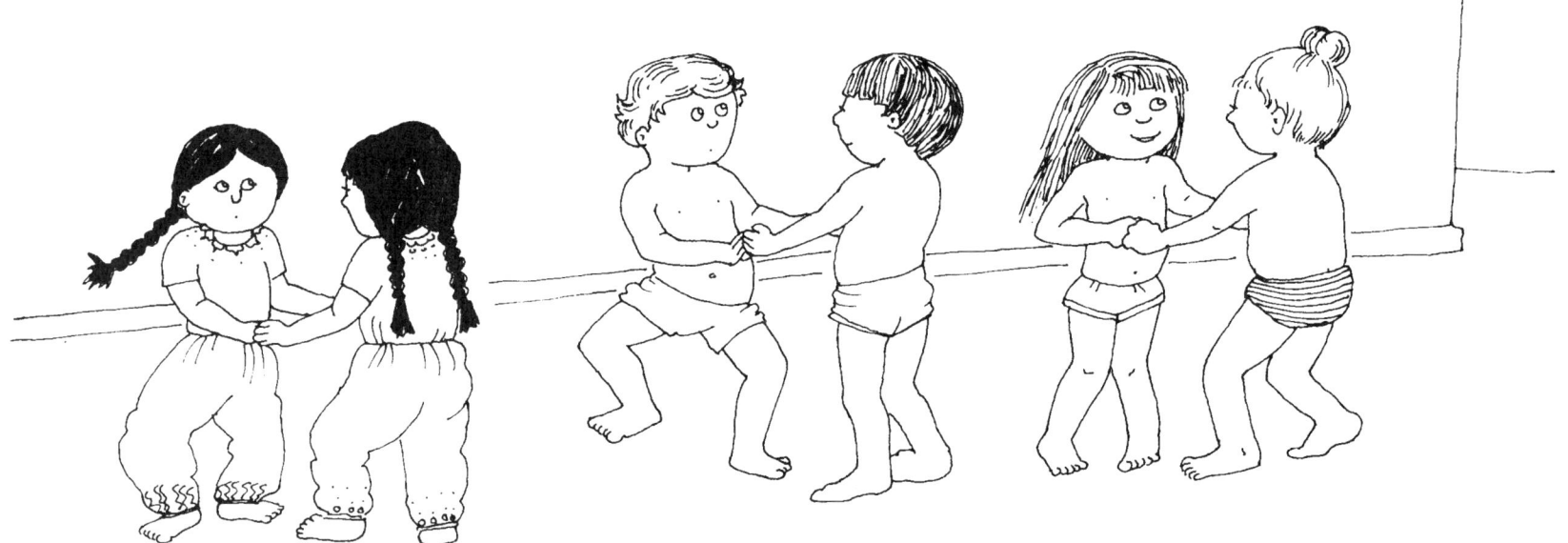

Tanzbären:
Ein Hüpfkreis
Geben Sie die Hüpfrichtung an und achten Sie darauf, daß kein Kind überholt.
Eine Marschreihe
Machen Sie eines der Kinder zum Leithammel (oder führen Sie selbst), das die Gruppe mit hoch ausladenden Marschschritten aus dem Kreis heraus und in eine lange Reihe führt.
Müde kleine Teddybären
Die Kinder bewegen sich mit langsamen schweren Schritten, ein Kind hinter dem anderen, an den Wänden des Raums entlang.
Zusammen auf Zehenspitzen gehen
Die Kinder machen große langsame, leise Schritte, bilden eine Gruppe und lassen sich dann zu Boden sinken.

Der Picknickkorb

Altersstufe
vier bis sieben Jahre

Schwerpunkt
Gestalten, verschiedene Fortbewegungsarten

Raus mit den knackigen, knusprigen Chips!
Auf Kommando gehen die Kinder schnell aus einer kompakten Form mit gekrümmten Armen und Beinen in eine steife, zackige Haltung über. Sie springen oder drehen sich schnell von einer "knusprigen" Haltung in eine andere.
Ein paar schwungvolle Lakritzschnecken rollen heraus!
Die Kinder beginnen in einer aufrechten Position oder liegen flach am Boden, rollen oder drehen sich dann in lange, dünne, ausgestreckte Formen und bleiben liegen, um Arme und Beinen vom Körper weg zu strecken.

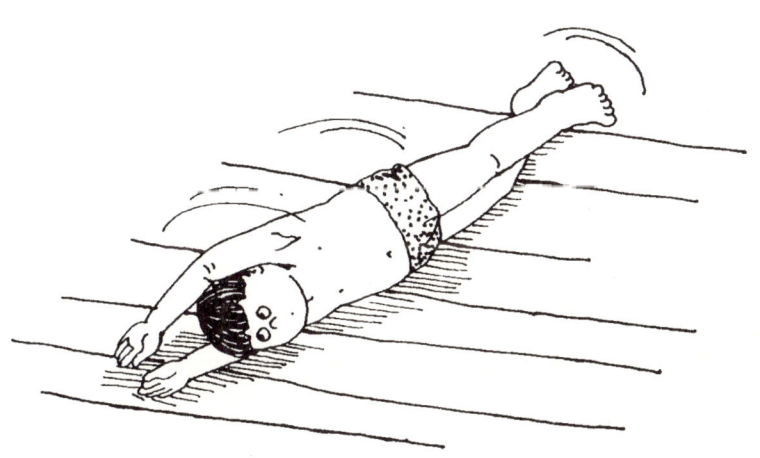

einem dicken unteren und einem schlanken oberen Ende, Ananas mit Kerben und Blätterbüschel. Lassen Sie die Gruppe zusammen dann einen Obstsalat bilden.

Steck eine Waffel hinein!
Ein Kind springt schnell in die Gruppe hinein, entweder in einer langen, schmalen oder flachen, breiten Waffelform.

Ein Schuß Sahne
Ein Kind läuft, springt und robbt vorsichtig durch die "Obstsalat"- Formation der Gruppe.

Warme, klebrige Schokoladenplätzchen
Die Kinder stehen sich in Zweiergruppen in weit ausgestreckter Haltung gegenüber. Wenn sie vorsichtig und langsam, ein Körperteil nach dem anderen, zu Boden sinken, spiegeln sich ihre Bewegungen.

Wer möchte Obstsalat? Was für Früchte sind in deinem?
Die Kinder machen verschiedene Obstformen nach: lange, dünne Bananen, runde Äpfel und Mangos und Birnen mit

Partyspiele

Altersstufe
fünf bis elf Jahre

Schwerpunkt
aufhören und anfangen, Polonaise und Kreisformationen

Musikalische Standbilder
Wählen Sie verschiedene Gangarten und eine Anzahl von Körperhaltungen aus, und spielen Sie "musikalische Standbilder". Bitten Sie die Kinder, sich zu bewegen, wenn die Musik läuft und stehenzubleiben, sobald die Musik aufhört. Bevor sich die Kinder bewegen, sollten sie einen Augenblick zuhören und feststellen, ob die Musik schnell oder langsam ist. Spielen Sie Tierfiguren oder kostümierte Personen. Die Kinder bewegen sich oder bleiben in der Haltung des gewählten Tieres oder der Person stehen.

Großmutters Schritte/Wieviel Uhr ist es, Herr Wolf?
Sie stehen an einem Ende des Raums und die Kinder in einem Abstand voneinander am anderen. Sie bewegen sich zuerst langsam auf Zehenspitzen und gehen dann in Laufen auf Zehenspitzen über, mit leisen Schritten und deutlichem Stehenbleiben als Statuen.

Polonaise

Anhand einer Polonaise üben die Kinder Grundbewegungsarten wie springen, hoppeln, hüpfen, galoppieren, traben, laufen, schreiten und marschieren. Spielen Sie Musik, oder lassen Sie die Kinder im Takt klatschen und beim Anführen abwechseln, so daß jedes einmal an die Spitze der Reihe kommt. Eine lustigere Version kommt dadurch zustande, daß jeder "Vortänzer" eine komische Gangart erfinden muß.

Reihen und Kreise

Lassen Sie die Gruppe zwei Reihen bilden. Fordern Sie die Reihen auf, in Marschschritten einem "Vortänzer" zu folgen, der in geraden Linien im Zimmer herummarschiert. Lösen Sie die "Vortänzer" ab und bitten Sie die Reihen, in ein oder zwei Kreisen im Raum herumzuhüpfen. Lassen Sie die Kreise im Uhrzeigersinn und gegen den Uhrzeigersinn hüpfen. Wenn es aussieht, als ob die Kinder einen Begriff von Räumlichkeit bekommen haben, können Sie sie in einer langen Polonaisenkette eine Acht bilden lassen.

**"Jetzt tanzen wir um den Maulbeerbaum, den Maulbeerbaum, den Maulbeerbaum!
Jetzt tanzen wir um den Maulbeerbaum, an einem kalten, frostigen Morgen!"**
Üben Sie mit der Gruppe, wie man schnell und leise einen Kreis bildet, mit und ohne Händehalten. Stellen Sie sich ins Zentrum des Kreises und geben Sie die Richtung an, in die er sich bewegen soll. Bitten Sie die Kinder mit hoch erhobenem Kopf, hoch angezogenen Knien zu hüpfen, aber nicht zu überholen.
"So strecken wir uns ganz weit aus, ganz weit aus, ganz weit aus!"

Achten Sie darauf, daß die Kinder genügend Abstand im Kreis halten, bevor Sie diese Körperbewegungen einzeln durchführen.
"So rollen wir uns klein zusammen, an einem kalten, frostigen Morgen!"
Lassen Sie die Kinder dieses Spiel selbständig weiterführen, indem sie eine Reihe von Bewegungen am Platz oder Fortbewegungsarten auswählen, wie zum Beispiel springen, hoppeln, klatschen, traben und galoppieren.
"Jetzt tanzen wir um... So machen wir..."
Ermutigen Sie die Kinder, neue Aktivitäten zu erfinden, und fordern Sie sie auf, ihre Erfindung den anderen vorzumachen.

Versteckspiel

Altersstufe
fünf bis elf Jahre

Schwerpunkt
anfangen und aufhören, verschiedene Gestalten

1, 2, 3... Das Zählen hat begonnen.
Die Kinder laufen in kleinen Schritten von einem Platz zum anderen und bleiben vor jedem Richtungswechsel stehen.
50, 51, 52... Kommt schon jemand suchen?

99, 100...Schnell, wo kann ich mich verstecken?
Die Kinder laufen und bleiben stehen und schauen zurück, schauen zwischen ihren Beinen hindurch, drehen sich auf den Zehenspitzen oder drehen den Oberkörper.
Hinter einem Baumstumpf?
Die Kinder rollen sich auf dem Boden oder tief darüber klein und rund zusammen.

Hinter einem Baum?
Die Kinder nehmen eine gestreckte, hochaufgerichtete Haltung auf Zehenspitzen ein, mit Armen und Fingern über dem Kopf ausgestreckt.

Unter den Herbstblättern?
Die Kinder strecken sich auf dem Boden weit und flach aus.

Bei so vielen guten Verstecken ist es schwer, sich zu entscheiden.
Die Kinder laufen mit kleinen, leichten Schritten von einem Platz zum anderen, bleiben schnell stehen und nehmen verschiedene "Versteckhaltungen" ein, bevor sie weiterlaufen.

Kein Platz für zwei! Wenn jemand dein Versteck benutzt, mußt du dir ein neues suchen.
Teilen Sie die Gruppe in zwei kleinere Gruppen auf, die eine Hälfte reckt sich in die Höhe, rollt sich klein oder legt sich flach auf den Boden, die andere Hälfte läuft schnell zwischen den verschiedenen "Versteckgestalten" umher. Fordern Sie die umherlaufenden Kinder auf, sich ein Kind auszusuchen, das eine klare "Versteckhaltung" einnimmt, und diese Form vor, hinter oder neben dem "sich versteckenden" Kind nachzumachen. Dieses Kind muß nun wiederum schnell zu einem anderen Kind in deutlicher Versteckhaltung laufen.

Sardinen
Die Kinder nehmen Versteckhaltungen ein, indem sie sich ausstrecken, zusammenrollen oder hinlegen. Einige von Ihnen ausgewählte Kinder laufen schnell zwischen den Kindern in Versteckhaltung umher und suchen sich jemanden, mit dem sie sich verstecken und dessen Versteckhaltung sie nachmachen, um dann einen Augenblick in ihr zu verharren. Dann laufen sie schnell zusammen los und wählen ein drittes Kind aus, mit dem sie sich verstecken, seine Form nachmachen und darin verharren, bevor sie sich das nächste Kind suchen usw. Lassen Sie die Kinder weiterspielen, bis die ganze Gruppe einbezogen ist.

Eiergerichte

Altersstufe
sieben bis elf Jahre

Schwerpunkt
Mit den Wörtern "rollen", "springen", "fließen" "brutzeln", "zischen", "umdrehen", "schlagen" und "rühren" werden verschiedene Formen und Bewegungen angeregt.

Rollende Eier
Die Kinder machen ihre Gestalt klein und rund und rollen langsam in eine Richtung und dann in eine andere.

Die Eierschale springt.
Die Kinder stehen in scharfer, gezackter Haltung und benutzen dazu angewinkelte Finger, Handgelenke, Ellbogen, Schultern, Hüften, Knie, Knöchel und Zehen. Sie stehen zuerst mit beiden Füßen auf dem Boden und balancieren dann auf einem Fuß. Lassen Sie die Kinder schnell und deutlich von einer gezackten Gestalt in eine andere wechseln.

Zerfließende Eier
Die Kinder beginnen mit einer gezackten, gesprungenen Gestalt, strecken dann ihren ganzen Körper langsam und gleichmäßig in die Form eines "Rühreis".

Brutzelnde und zischende Rühreier
Die Kinder beginnen in der weiten, ausgestreckten "Rühreigestalt" auf dem Boden, auf dem Bauch oder auf dem Rücken. Dann lassen sie einen Arm oder ein Bein in die Luft und wieder zurück schnellen.

Rührei umdrehen
Die Kinder wechseln langsam und vorsichtig von einer "Rühreigestalt" auf dem Rücken zu einer "Rühreigestalt" auf dem Bauch und rollen dazu zur Seite und strecken ihre Arme und Beine hoch in die Luft, wenn sie sich umdrehen.

Spiegeleier
Die Kinder beginnen in einer "Rühreigestalt", strecken schnell ihren Po in die Luft und halten auf Händen und Füßen das Gleichgewicht, bevor sie schnell wieder auf den Boden "fließen".

Eiweiß schlagen
Die Kinder springen schnell und leicht von einem Fuß auf den anderen, drehen sich in der Luft mit ausgestreckten Armen und angezogenen Knien und kommen leicht federnd wieder auf.

Eigelb verrühren
Die Kinder laufen sehr schnell auf der Stelle und zappeln mit allen Körperteilen schnell und ruckhaft. Dann zappeln sie mit dem ganzen Körper, bewegen sich auf und ab, machen eine Drehung von einem Platz zum anderen, bleiben stehen und wechseln die Laufrichtung.

Pfannkuchen

Altersstufe
fünf bis elf Jahre

Schwerpunkt
starten und halten mit Höhenwechseln

Jetzt ist Pfannkuchenzeit!
Die Kinder laufen mit leicht gekrümmten Knien und einem ausgestreckten Arm kurvige Strecken.

Jetzt werfen wir die Pfannkuchen hoch in die Luft und fangen sie auf!
Die Kinder laufen schnell verschlungene Strecken. Integrieren Sie schnelle und kräftige Drehungen auf der Stelle, mit einem Arm hoch in die Luft gestreckt und aufwärts gerichtetem Blick.

Hoppla! Du hast die Pfannkuchen fallen lassen. Wo sind sie hingefallen?
Die Kinder kriechen langsam und vorsichtig auf dem Boden herum, vorwärts, rückwärts und seitwärts.

Hoppla! Die Pfannkuchen kleben an der Decke! Kommst du an sie heran?
Die Kinder machen große kräftige, federnde Hüpfer auf der Stelle, schauen aufwärts und strecken sich zur Decke.

Bei älteren Kindern könnte das Hochwerfen der Pfannkuchen einen Drehsprung miteinschließen. Beim Auffangen könnte eine Rolle integriert werden.

Tiere

Tiere faszinieren die ganz Kleinen immer wieder aufs neue, und sogar die verwöhntesten Elfjährigen experimentieren gerne mit dem Bewegungspotential ihrer Lieblingshaustiere oder wilder Tiere.

Dieses Kapitel stellt eine Reihe verschiedener Tierthemen vor, vom Bauernhof bis zum Zoo, von Kinderreimen zu traditionellen Geschichten. Sie haben die freie Wahl. Alle beschriebenen Bewegungsarten können für andere Tierthemen oder Geschichten verwendet werden.

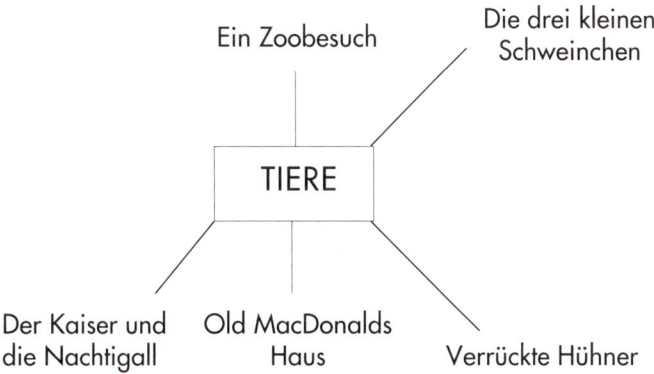

Ein Zoobesuch

Altersstufe
drei bis elf Jahre

Schwerpunkt
Musikkassetten liefern Anregung und Begleitung zu verschiedenen Bewegungen. Sie können aber auch z.B. auf die Melodie von "Old Mac Donald..." das Lied "In uns'rer Stadt, da gibt's 'nen Zoo" texten.

Singen Sie das Lied mit den Kindern im Sitzen und klatschen Sie den Takt. Dann lassen Sie die Kinder leichtfüßig im Raum herumhüpfen. Bestimmen Sie verschiedene Gangarten, während die Kinder klatschen (z. B. federn, hüpfen oder galoppieren).

Elefantenparade:
Aufstehen! Rüssel raus!
Die Kinder machen die Gestalt großer Elefanten nach, indem sie sich mit breitem, rundem Rücken auf gespreizte, flache Füße stellen. Ein Arm wird langsam nach vorne ausgestreckt, um den großen, hängenden Rüssel zu bilden.

Links, rechts, links, rechts
Die Kinder setzen zu einem langsamen, starken und gleichmäßigen Takt einen Fuß flach vor den anderen.

Wasser, Wasser überall
Die Kindern üben, ihren Rüssel zu benutzen und stehen dazu in breiter, gekrümmter Haltung. Dann beugen sie sich vornüber und rollen einen Arm nach innen zum Kinn hin ein.

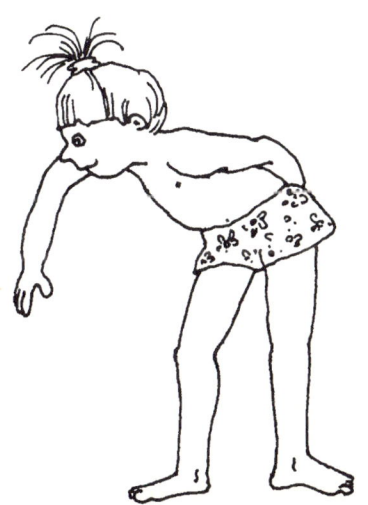

Schließlich gehen sie langsam zu einer aufrechten Haltung über, strecken den "Rüssel" weit in die Luft und tun so, als ob sie Wasser versprühen. Lassen Sie die Kinder die Einroll- und Ausrollbewegung mehrmals wiederholen.

Rüssel und Schwänze
Machen Sie mit den Kindern eine "Rüssel-Schwanz-Parade". Jeder Elefant bewegt sich auf einen Partner zu, und einer stellt sich hinter den anderen und streckt den einen Arm vorne als Rüssel, den andern hinten als Schwanz aus. Dann verbinden sie Schwänze und Rüssel, indem sie sich die Hand geben und trotten, laufen und tanzen zusammen in einer riesigen Elefantenreihe.

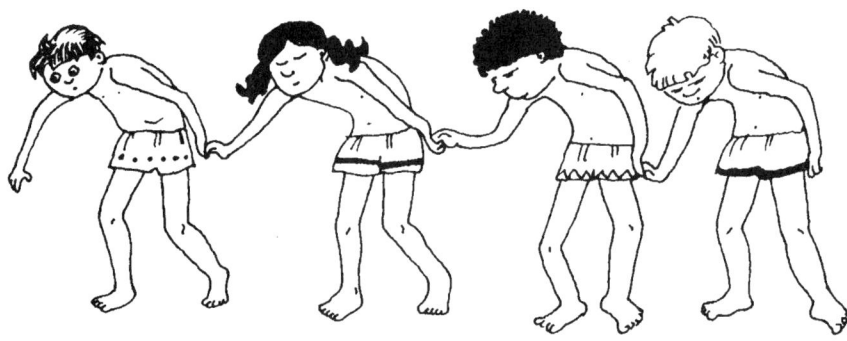

Das Vogelhaus:
Kleine Vögel plustern sich auf und stürzen herab...
Die Kinder richten sich zappelnd auf und strecken sich weit aus, halten dann eine Sekunde still, bevor sie loslaufen und in eine gebückte Haltung am Boden übergehen.

...fliegen und flattern...
Die Kinder laufen, und ihre Arme bewegen sich zuerst nach oben und strecken sich aus, sinken dann nach unten und schließen sich. Achten Sie darauf, daß die Kinder sich zwischen den Bewegungen ruhig halten, so daß nur die Augenlider und Finger flattern.

...spielen Versteck...
Die Kinder verharren still auf einem Platz, nachdem sie in niedriger und ausgestreckter Haltung herumgelaufen und geflattert sind.

...und lassen sich schließlich nieder.
Die Kinder sinken langsam auf den Boden und lassen sich nieder, die Arme um den Körper gewickelt.

Pinguinparade:
Pinguine watscheln...
Die Kinder gehen in eine niedrige Hockstellung und watscheln mit nach außen gedrehten, flachen, klatschenden Füßen und herausgestreckten Bäuchen
durch den Raum.
...spritzen und springen.
Die Kinder machen kurze federnde, flachfüßige Sprünge vorwärts und "spritzen" mit flachen, schlaffen Händen.

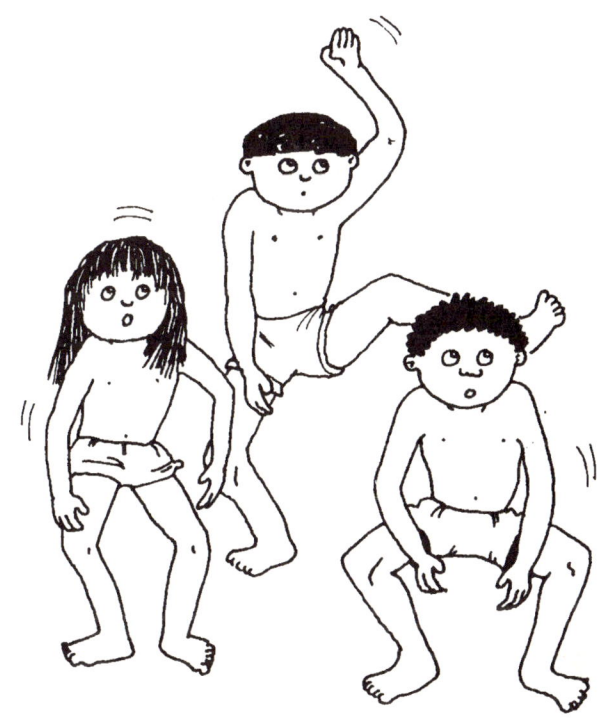

Das Känguruh macht große, federnde Sprünge...
Die Sprünge müssen mit gebeugten Knien anfangen und aufhören, Fäuste und Ellbogen sind hoch vor der Brust angewinkelt.
...und kleine, leichte Sprünge.
Die Kinder machen schnelle, leichte Sprünge mit zwei Füßen und kommen auf zwei Füßen auf, vorwärts, rückwärts und seitwärts.

Schelmische Affen sind erstaunliche Akrobaten.
Die Kinder stellen sich mit bis zu den Knien baumelnden und locker von Seite zu Seite schaukelnden Armen hin und hüpfen von einem Fuß auf den anderen. Lassen sie die Kinder verschiedene Bewegungen im Gleichgewicht ausführen, Sprünge, Fallbewegungen und Rollen.

Der königliche Gang des Löwen
Die Kinder schreiten im Raum umher mit hoch erhobenen Kopf, ausgestreckten Zehen und Armen, die Klauen darstellen sollen und Löcher in die Luft reißen.

Sich erheben und brüllen
Die Kinder erheben sich, heben den Kopf zur Decke und brüllen.

Lange, leichte Sprünge
Die Kinder laufen mit weiten, leichten Schritten und weit ausgestreckten Beinen. Fordern Sie sie auf, jeden Fuß weich aufzusetzen.

Das listige Krokodil:
Riesenkrallen und Riesenrachen
Die Kinder bewegen sich mit ausgestreckten Armen und Fingern, die sie auf und zu schnappen.

Krokodilreihen Drei Kinder bilden eine Reihe mit dem ersten Kind als "schnappender Rachen", dem mittleren als "spitze Krallen" und dem letzten als "große, krumme Hinterbeine".

Das listige Krokodil bewegt sich!
Die Kinder bewegen sich langsam und kräftig in Krokodilreihen mit "schnappendem Rachen", "spitzen Krallen" und "großen, krummen Hinterbeinen". Wechseln Sie ab, so daß alle Kinder die Möglichkeit bekommen, vorne zu sein.

Graziöse Giraffen
Die Kinder machen lange, gleichmäßige Schritte auf Zehenspitzen, mit ausgestrecktem Hals, Armen und Beinen, und achten auf graziöse Bewegungen.

Karneval der Tiere
Bestimmen Sie einen Vortänzer. Der geht an den einzelnen Kindern vorbei, und diese schließen sich in einer Reihe an. Wenn die ganze Gruppe in einer Reihe steht, trabt der Anführer wie ein Löwe, und alle anderen machen es ihm nach. Tauschen Sie den Vortänzer häufig aus. Jeder führt eine neue Tierbewegung ein.

Die drei kleinen Schweinchen

Altersstufe
drei bis elf Jahre

Schwerpunkt
Arbeitsgänge und Gruppenformationen

Schweine beim Spielen
Die Kinder trotten auf Zehenspitzen mit hochgezogenen Knien und den Händen vor der Brust umher und bilden eine Polonaise. Sie hüpfen und bewegen sich in Wellenlinien, eines hinter dem anderen, dann trippeln sie auf Zehenspitzen von der Reihe weg auf einen freien Platz.

Das Stroh sammeln
Die Kinder machen weite Sammelbewegungen mit den Armen, dann bewegt sich die ganze Gruppe auf die Mitte des Raumes zu. Zum Abschluß sinken die Kinder in der Mitte zusammen zu Boden.

Eine runde Strohhütte
Die Kinder erheben sich langsam und breiten sich dann so aus, daß die ganze Gruppe einen Kreis bildet.

Der große böse Wolf schleicht verstohlen umher.
Wählen Sie ein Kind aus, das den Wolf spielt. Die anderen stehen vollkommen bewegungslos, während "der Wolf" still um den Kreis und in die Mitte schleicht und dort stehenbleibt und sich grimmig umschaut.

Er keuchte und schnaubte...
Alle Kinder fallen im Takt mit den Worten in das übertriebene Keuchen und Schnauben ein.

...und er blies das Haus weg!
Schließlich blasen die Kinder noch einmal kräftig und drehen sich schnell oder langsam auf und ab, weg vom Kreis und auf ihre Plätze. Beenden Sie die Übungen mit langsamen, abwärtsgerichteten Spiralbewegungen.

Ein Haus aus Kleinholz:
Holz hacken.
Die Kinder machen sich wiederholende, rhythmische Bewegungen von oben nach unten und vorwärts und rückwärts. Betonen Sie den Takt und legen Sie Wert auf Ausdehnung und Kraft in den Bewegungen.
Ein Bündel Kleinholz
Die Kinder tragen oder ziehen das "Kleinholz" zu zwei anderen Kindern und bilden Dreiergruppen.
Ein schiefes Haus aus Kleinholz
Die Kinder beginnen zusammengerollt in Dreiergruppen, strecken sich dann mit plötzlichen, abrupten Bewegungen und unter Verwendung ihrer Ellbogen, Knie und Finger nach oben in eine gezackte, unregelmäßige Gruppenformation.
Er keuchte und schnaubte...
Ein Kind schleicht als Wolf um die schiefen Häuser. Die Gruppen ändern auf die Wörter "keuchen" und "schnauben" plötzlich ihre Gestalt.
... und er blies das Haus weg!
Die Kinder machen plötzliche, eckige Sprünge von der Gruppe weg auf ihre Plätze und lassen sich dann nach einem plötzlichen Sprung auf den Boden fallen.

Ein Haus aus Backsteinen:
Taumeln und tragen
Stellen Sie sich in die Mitte des Raums. Die Kinder taumeln auf Sie zu und dann wieder von Ihnen weg auf ihren Platz. Lassen Sie die Kinder dies einige Male wiederholen, und sammeln Sie schließlich die ganze Gruppe um sich herum.
Das Haus wird größer und größer.
Die Gruppe streckt sich etwas in die Höhe, dann noch ein bißchen, und schließlich strecken sich die Kinder so weit sie können.
Eine breite, breite Wand
Die Gruppe dehnt sich zur Seite hin aus, und die Kinder strecken sich, um eine Wand zu bilden. Lassen sie die Kinder dies wiederholen, bis die Gruppe eine Wand bilden kann, die den Raum in zwei Teile teilt.
"Kleines Schweinchen, kleines Schweinchen, laß mich hinein!"
Spielen Sie den Wolf, und schleichen Sie auf die Gruppenwand zu, von ihr weg und um sie herum.
Er keuchte und schnaubte.
Die Gruppenwand bildet eine Reihe und schleicht leise um den Wolf herum, bis sich um ihn ein Kreis geformt hat.
Aha! Der Wolf sitzt im Backsteinhaus gefangen!

Verrückte Hühner

Altersstufe
drei bis acht Jahre

Schwerpunkt
Anhand von Wörtern wie "stolzieren", "flattern", "sich niederlassen", "scharren" und "picken" experimentieren die Kinder mit verschiedenen Bewegungsarten.

Der Hahn stolziert.
Die Kinder gehen langsam mit hochangezogenen Knien im Raum herum und bewegen die Arme abrupt auf und ab. Der Kopf bewegt sich ruckhaft vorwärts und rückwärts.

Flattern (Vielleicht hat ein Huhn ein Ei verloren und alle anderen müssen danach suchen.)
Die Kinder laufen und springen schnell herum und machen mit den Armen schnelle und deutliche Flatterbewegungen auf und ab. Wiederholen Sie dies mit zappelnden Füßen während der Sprünge.

Sich niederlassen
Die Kinder drehen sich langsam und weich abwärts in eine runde Gestalt, als ob sie zusammengerollt oder auf einem Nest sitzen würden.

Scharren
Die Kinder laufen schnell von einem Platz zum anderen und bleiben manchmal stehen, um langsam mit einem Fuß am Boden zu scharren. Ihr Blick ist genau auf den Fuß gerichtet und nach jedem Scharren ändern sie die Laufrichtung.

Lassen Sie die Gruppe einen Kreis bilden. Die Kinder scharren alle noch einmal langsam und lang über den Boden, Blick genau auf den Fuß gerichtet, dann laufen sie schnell zur Mitte des Kreises. Danach laufen sie wieder in den Kreis hinaus und scharren noch einmal, bevor das Ganze dann wieder von vorne beginnt.

Picken
Dasselbe wie oben, aber anstatt zu scharren, hacken die Kinder kräftig und schnell mit dem Kopf in Richtung Boden. Beim Picken beugen sie die Knie und biegen die Zehen einwärts.

Old MacDonalds Haus

Altersstufe
drei bis sechs Jahre

Schwerpunkt
Entgegengesetzte Bewegungen, Höhe und Geschwindigkeit

Old MacDonald hat ein Haus, I-EI-I-EI-O,
Die Kinder stampfen von Platz zu Platz, als ob sie große Gummistiefel anhätten.

Da schaut ein (Tiername) zum Fenster raus.
Die Kinder stampfen im Raum herum, dann bildet die ganze Gruppe einen Kreis, und alle sinken zu Boden.
...Huhn (das im Hof herumläuft).
Die Kinder beginnen am Boden mit angewinkelten Ellbogen und nickenden Köpfen, erheben sich zappelnd und laufen von einem Platz zum anderen. Führen Sie kurze Momente des Stillstehens ein, um Richtungswechsel zu betonen.

...Hase (der durch die Felder hüpft).
Die Kinder fangen mit gebeugten Knien und hoch vor der Brust gehaltenen Händen an und machen dann lange Hüpfer mit ausgestreckten Armen und Beinen.
...Schwein (das sich im klebrigen, glitschigen Schlamm suhlt).
Die Kinder rollen sich zusammen und strecken sich aus, zuerst auf dem Rücken, dann auf dem Bauch. Führen Sie langsame, rhythmische Rollbewegungen ein, von Seite zu Seite und ganz herum.

...Vogel (der herabstößt, schwebt, kreist und sich niederlässt).
Die Kinder gehen langsam von einer kleinen, zusammengerollten Gestalt in eine weite, nach oben ausgestreckte Haltung über und stoßen dann von oben nach unten herab. Sie schweben mit flatternden Armen auf der Stelle und kreisen eine Weile. Schließlich lassen sie sich langsam wieder in einer kleinen zusammengerollten Gestalt nieder. Um die Qualität der Bewegungen zu verbessern, bitten Sie die Kinder, ihren Kopf hochzuhalten und machen Sie sie wiederholt auf die leichten und plötzlichen Bewegungen von Vögeln aufmerksam.

... Pferd (das trabt und galoppiert).
Die Kinder traben mit hocherhobenem Kopf und angezogenen Knien auf der Stelle und dann rhythmisch von einem Platz auf den anderen.

Old MacDonald hat ein Haus, I-EI-I-EI-O.
Die Kinder stampfen im Raum umher, und die Gruppe stellt sich schließlich zu einem letzten Kreis auf.

Der Kaiser und die Nachtigall

"Der Kaiser liebte das Lied der Nachtigall. Er ließ die Nachtigall aus dem Zaubergarten holen, in dem sie lebte und ließ sie in einen Käfig sperren..."

Altersstufe
sieben bis elf Jahre

Schwerpunkt
Erkundung des Raumes in der Nähe von ... und weit weg von ..., die Körpermitte

In einem runden, goldenen Käfig gefangen
Die Kinder üben einzeln oder in Zweiergruppen. Sie machen lange, langsame Schritte oder kurze, schnelle und vorsichtige Schritte auf einem Kreis, bleiben manchmal stehen und schauen sich langsam um.

Der Schlüssel zum Käfig hängt an einem großen Haken. Kannst du durch die Stäbe des Käfigs greifen und ihn erreichen?
Die Kinder gehen auf einem Kreis wie oben und bleiben ab und zu stehen, um den Arm seitwärts, vorwärts, rückwärts oder über den Kopf auszustrecken und eine ausgestreckte Gleichgewichtshaltung einzunehmen.

Kein Glück! Panik! Könntest du die Tür aufstoßen?
Die Kinder laufen schnell eine kurze, gerade Strecke, drehen sich dann schnell und kräftig, um auf den Ausgangsplatz zurückzulaufen.

Die Kinder wiederholen dies, laufen wie oben und drehen sich dann aber im Stehen oder in der Hocke, erst auf einem,

dann auf zwei Beinen und im Gleichgewicht, schließlich aus dem Gleichgewicht.

Könntest du vielleicht die Stäbe aufbiegen?
Die Kinder üben in Zweiergruppen. Sie stehen nebeneinander in langgestreckter, gerader Haltung und halten sich an den Händen, Arme über dem Kopf ausgestreckt. Dann, unter langsamem und kräftigem Ziehen, machen sie einen großen Schritt seitwärts vom Partner weg und gehen zu einer breiten, niedrigen Haltung über.

Die Kinder stehen sich in langgestreckter Haltung gegenüber und halten sich an den Händen, ziehen langsam und kräftig, während sie einen großen Schritt zurück vom Partner weg machen und in eine niedrige Hockstellung übergehen.

Die Kinder stehen Rücken an Rücken, halten sich an den Händen und ziehen sich voneinander weg, indem sie einen großen Schritt vorwärts machen und zu einer langen, niedrigen Haltung übergehen.

Schließlich stehen die Kinder neben einem Partner, ihm gegenüber oder Rücken an Rücken in langestreckter, gerader Haltung. Sie fassen sich über dem Kopf an den Händen und strecken sich dann langsam und kräftig voneinander weg, Hände gefaßt, Hüften, Rücken oder Bauch voran. Die Füße aber rühren sich nicht vom Fleck.

Hurra! Wir haben die Stäbe des Käfigs auseinandergebogen!
Teilen Sie die Gruppe auf. Die eine Hälfte "biegt" in Zweiergruppen "die Stäbe auseinander", die andere Hälfte läuft oder hüpft durch die "Stäbe", während sie sich im Raum bewegt.

Die Kinder bilden Dreier- oder Vierergruppen und zwei Kinder biegen abwechselnd "die Stäbe auseinander", so daß die anderen beiden in Hockstellung gehen können, um bei der größtmöglichen Öffnung "durch die Stäbe" zu laufen oder zu springen.

Endlich frei!
Die Kinder laufen, hüpfen und wirbeln schnell von einem Platz zum anderen, schlagen mit den vom Körper weggestreckten Armen oder flattern mit eng am Körper angewinkelten Armen und suchen den besten Weg in den Zaubergarten zurück.

Lassen Sie die Kinder die obige Bewegungsfolge wiederholen und bei einem gelegentlichen Richtungswechsel stehenbleiben, sich tief hinunterbeugen oder hoch ausstrecken.

Die Kinder beenden die Übung in großem Abstand voneinander oder bilden Gruppen, die in einer Scharformation schweben, einige hoch über dem Boden, andere niedrig.

Flug

Der Schwerpunkt dieses Kapitels liegt auf Leichtigkeit, Schwung, Ausdehnung und Höhe. Als Material dient eine Reihe von Bildern, von einfachen Ausgangspunkten wie Flugdrachen angefangen, bis hin zu Fallschirmen, komplexeren Flugmaschinen und den Mätzchen der "Supermenschen".

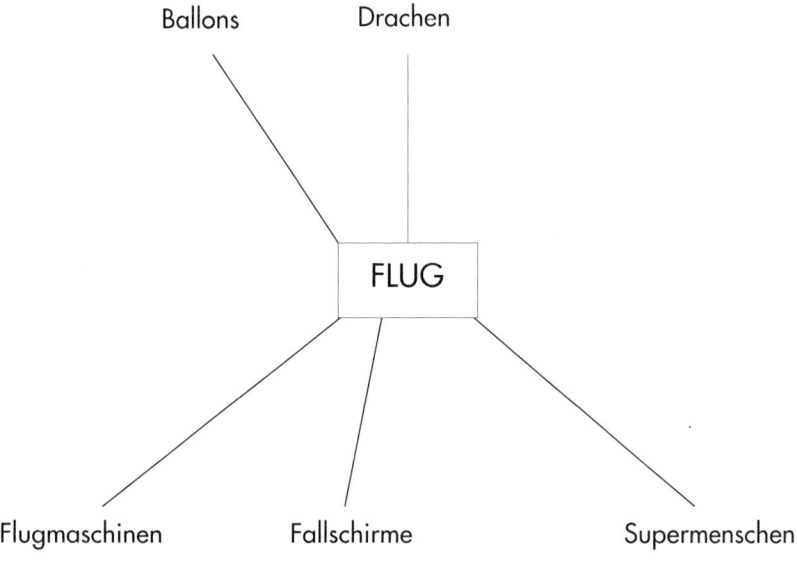

Ballons

Altersstufe
drei bis sieben Jahre

Schwerpunkt
gegensätzliche Formen, Größen und Höhen

Ballons aufblasen
Die Kinder blasen dreimal lang und benutzen die Hände, um die Gestalt des größer werdenden Ballons anzudeuten.

Ballonformen
Die Kinder beginnen in niedriger, zusammengerollter Haltung und gehen langsam in eine runde, hohe oder gedrehte Haltung über.

Kleiner und größer werden
Lassen Sie die Kinder mit verschiedenen Geschwindigkeiten üben und dem langsamen Größerwerden das schnelle Kleinerwerden gegenüberstellen und umgekehrt.

Runde Ballonformen
Die Kinder stellen sich mit gekrümmten Armen und aufgeblasenen Backen und Bäuchen breitbeinig hin.

Hüpfende Ballons
Die Kinder springen hoch von einem Platz auf den anderen. Achten Sie darauf, daß sie dabei ihre Form halten.

Werfen und fangen
Die Kinder springen plötzlich und kräftig mit hoch ausgestreckten Armen auf, sinken dann langsam nieder und lassen sanft ihre Arme herab. Wiederholen Sie das Ganze. Die Kinder sollen einem Partner Ballons zuwerfen.

Platzende Ballons
Die Kinder prallen leicht auf den Boden.

Die Luft herauslassen
Die Kinder wählen eine Ballonform und werden dann auf ein Zeichen hin kleiner und sinken zu Boden.

Die Geschichte eines ausgerissenen Ballons

Der Ballon ist aufgeblasen.
Die Kinder bilden verschiedene Ballonformen ihrer Wahl.

Er prallt auf dem Boden auf und springt weiter.
Sie hüpfen auf der Stelle, vorwärts, rückwärts oder seitwärts.

Der Wind bläst den Ballon hoch in die Luft.
Während der Ballon vom Wind hin- und hergetrieben wird, machen die Kinder steigende, fallende und drehende Bewegungen.

In einem Baum steckengeblieben!
Die Kinder wählen eine aufgeblasene Ballonform. Während die Füße fest am Boden bleiben, tun sie so, als ob ein Körperteil die Schnur wäre, die sich im Baum verfangen hat. Die Kinder zerren seitwärts, rückwärts und vorwärts, halten den Körperteil, der die Schnur darstellt, jedoch ausgestreckt.

Wir versuchen freizukommen.
Die Kinder ziehen und zerren in alle Richtungen und versuchen freizukommen.

Knall!
Die Kinder machen einen abrupten Sprung und lassen sich dann auf den Boden fallen.

Oder - "Die große Flucht"
Die Kinder strecken sich hoch hinauf und drehen sich und wirbeln frei von einem Platz zum anderen.

Drachen

Altersstufe
fünf bis elf Jahre

Schwerpunkt
Wörter helfen, sich auf Leichtigkeit und Höhe zu konzentrieren.

Drachen treiben im Wind, flattern, schweben, steigen, fallen, fliegen Kurven, gleiten und landen.
Die Kinder laufen schnell kurvenreiche Strecken und drehen sich sanft aufwärts und abwärts. Achten Sie auf vorsichtige Schritte und Gleichgewicht mit weitausgestreckten, schwenkenden Armen und Beinen.

Die Kinder finden sich in Zweiergruppen oder größeren Gruppen zusammen, um einen Drachen mit Schwanz oder einen schachtelförmigen, flachen oder gerahmten Drachen zu bilden.

Flugmaschinen

Hereinspaziert, hereinspaziert! Wir, das vielgerühmte, furchtlose Flugteam der (Name der Klasse) präsentieren unsere verwegene, vielbestaunte Vorstellung und bezwingen eure Zweifel in Zweisitzern mit erstaunlich eleganter Aerobatik!

Altersstufe
sieben bis elf Jahre

Schwerpunkt
humorvolle Gleichgewichtsübungen

Festhalten – Die Startbahn ist voller holpriger Stellen und Schlaglöcher!
Die Kinder hocken in Zweiergruppen am Boden, eines hinter dem anderen, zittern und zappeln, wiegen sich vorwärts, rückwärts und seitwärts. Sie führen dies fort, heben manch-

mal abrupt den Kopf, ducken sich oder springen zuweilen schnell zusammen und bilden eine kleine, runde Formation.

Wir heben ab
Die Kinder gehen am Boden in die Hocke, setzen sich dann langsam und vorsichtig hin und rollen langsam nach hinten, bis beide Beine und Arme über dem Kopf in die Luft gehalten werden.

Wir stellen die Flugautomatik an!
Aus dem Cockpit klettern
Aus der Starthaltung rollen die Kinder langsam nach vorne, bis sie sitzen, und stehen dann langsam und vorsichtig auf.

Wir balancieren auf dem Flügel
- Die Kinder gehen langsam und vorsichtig auf Zehenspitzen auf einer kurzen, geraden Linie, benutzen ihre Arme, um das Gleichgewicht zu halten und schauen nach oben. Wiederholen Sie dies mit hoch erhobenen Armen und langen oder kurzen Schritten vorwärts und rückwärts.
- Die Kinder kauern in enger, niedriger Hockstellung und strecken sich dann in eine Gleichgewichtsposition auf einem Bein aus.
- Die Kinder drehen sich vorsichtig auf einem oder beiden Beinen.
- Die Kinder machen vorsichtig eine Rolle.
- Die Kinder hüpfen schnell, leicht und vorsichtig auf der Stelle, strecken die Zehen aus und landen sanft mit gebeugten Knien.

Fall nicht herunter!
Die Kinder wackeln kräftig auf den Zehenspitzen mit gebeugten Knien hin und her, vorwärts, rückwärts, seitwärts.

Das ganze Team balanciert auf dem Flügel.
Die Kinder bilden Zweiergruppen oder größere Gruppen und führen eine Reihe von Ideen vor, die vorher beim Balancieren auf dem Flügel geübt worden sind. Die Gruppe könnte einem Anführer alles nachmachen oder aber verschiedene Tricks vorführen, vielleicht über, unter oder um die anderen herumgehen.

Das große Finale - Wir winken den Zuschauern zu!
Die Kinder bilden eine außergewöhnliche Gruppenformation: Seite an Seite, eines hinter dem anderen, oder eine Pyramide, zum Beispiel.

Fallschirme

Altersstufe
sieben bis elf Jahre

Schwerpunkt
unterschiedliche Gruppenformationen am Boden und im Stehen.

Aus dem Flugzeug
Die Kinder machen einen kräftigen Sprung mit hochgezogenen Knien und landen in enger Hockstellung, rollen dann langsam zurück und bleiben auf den Knien oder auf dem Bauch liegen.

Freier Fall
Die Kindern wiegen sich langsam und gleichmäßig auf dem Bauch oder auf dem Rücken hin und her, halten die Arme und Beine vom Körper weg und schwenken sie leicht. Sie rollen dann langsam rückwärts oder seitwärts, wobei sie die Arme und Beine vom Boden weghalten, und rollen schließlich langsam rückwärts oder seitwärts auf einen Partner oder eine Gruppe zu.

Formationsspringen
In Zweiergruppen oder größeren Gruppen wiegen sich die Kinder langsam und gleichmäßig auf dem Bauch oder Rücken mit vom Boden weggestreckten Armen und Beinen.

Bitte laß mich nicht los!
Die Kinder rollen langsam und gleichmäßig rückwärts oder seitwärts und halten sich zu zweit oder zu mehreren an Hand- oder Fußgelenken fest.

Den Fallschirm öffnen
Die Kinder auf beiden Beinen, die Knie leicht gebeugt und die Arme über dem Kopf ausgestreckt. Sie neigen sich leicht vornüber, nach hinten, seitwärts und im Kreis, während sie sich langsam und gleichmäßig biegen, strecken, winden und drehen.

Komm mir nicht so nah!
Die Kinder bilden eine unübersichtliche Gruppenformation mit ineinander verstrickten Armen und Beinen und miteinander verschlungenen Körpern auf unterschiedlichen Höhen über dem Boden.

Ein kleiner Windstoß
Die Kinder machen mehrere kleine, schnelle, leichte Schritte oder einen großen, weichen Sprung von einem Platz zum anderen.

Thermik
Die Kinder nehmen schnell und kräftig eine große, gleichmäßig ausgestreckte Haltung ein, bevor sie sich abwärts in gekrümmte Stellungen am Boden drehen.

Eine perfekte Landung
Die Kinder hüpfen leicht auf der Stelle, gehen langsam und gleichmäßig in die Hocke und machen eine Rolle, um auf Knien oder Füßen aufzukommen.

... oder im Baum verfangen!
Die Kinder bewegen sich, als ob sie an einem Zweig eines Baumes festhängen und halten einen Körperteil still - Hand, Ellbogen, Hüften, Knie oder Fuß -, während sie mit dem übrigen Körper zappeln und sich winden.

Supermenschen

Altersstufe
fünf bis elf Jahre

Schwerpunkt
übertriebene Körperhaltungen, Geschwindigkeit und Stärke

Wuuschsch!...zur Hilfe!
Die Kinder laufen schnell und mit leichten Schritten eine kurvige Strecke und strecken die Arme nach hinten aus, als hätten sie einen Umhang an.

Zischsch!!
Mit angewinkelten Knien und vornübergebeugtem Rücken, Hände zu Fäusten geballt und die Arme nach vorne ausgestreckt, laufen die Kinder schnell und leichtfüßig und bleiben manchmal in einer klaren Flugposition stehen, bevor sie ihre Laufrichtung ändern. Sie versuchen, in jeder dieser Haltepositionen auf einem Fuß zu balancieren.

Abheben zum Einsatz
Die Kinder gehen in Abhebeposition: die Hände zu Fäusten geballt, einen Arm über dem Kopf ausgestreckt, den anderen eng am Körper anliegend, ein Bein angewinkelt mit nach unten gebogenem Fuß, das andere Bein ausgestreckt. Dann laufen sie schnell und leichtfüßig los und halten ab und zu in der Abhebeposition das Gleichgewicht.

Kugeln mit den unzerstörbaren Arm- und Knöchelbändern abwehren
Die Kinder stehen auf beiden Beinen, Knie und Ellbogen leicht gebeugt. Sie heben einen Fuß hoch oder strecken die Handgelenke nach unten und drehen und winden sich schnell und ohne das Gleichgewicht zu verlieren.

Zum Ort des Geschehens rasen: umstürzende Türme, rollende Lawinen und außer Kontrolle geratene Züge
Die Kinder machen langsame, starke Drück- und Schiebebe-

wegungen mit Händen und Armen und strecken sich nach vorne, auf die Seite, nach hinten, unten und oben. Dann benutzen sie andere Körperteile - Füße, Hüften, Rücken etc. -, um ebenfalls langsame, starke Schiebebewegungen zu machen.

Brennende Gebäude, in Flammen aufgehende Wälder, schwelende Straßen
Die Kinder beginnen zusammengekauert am Boden, sie atmen ein und wachsen zu einer weiten, ausgestreckten Form. Dann blasen sie die Luft heraus, schrumpfen zusammen und sinken langsam aber kräftig zu Boden.

"Nachrichtenspot! Hier ist das neueste Video, direkt aus dem Katastrophengebiet - in Zeitlupe, so daß der Supermensch klar zu sehen ist."
Die Kinder machen riesige, übertriebene Laufschritte, heben langsam und gleichmäßig ein Knie an, ziehen das Bein nach und strecken es so weit wie möglich nach vorne, bevor sie den Fuß wieder auf den Boden setzen, um die langsamen Laufbewegungen fortzusetzen.

Bionische Paare und draufgängerische Duos
Die Kinder bilden Zweiergruppen und führen einige der sensationellen Kunststückchen des Supermenschen zusammen aus.

Zauberei, Geheimnisse und Monster

Das Schwingen eines Zaubermantels, ein fliegender Besenstiel oder ein Zauberspruch kann kleine Kinder in das "verwandeln", was sie sein wollen. Ältere Kinder finden solche Geschichten wie "Aladin und die Wunderlampe" oder die Vorstellung von Spukschlössern oder geheimnisvollen Monstern faszinierend.

Als Ausgangspunkt wird von den Kindern verlangt, daß sie sich mit ihrer Phantasie in eine bestimmte Situation versetzen.

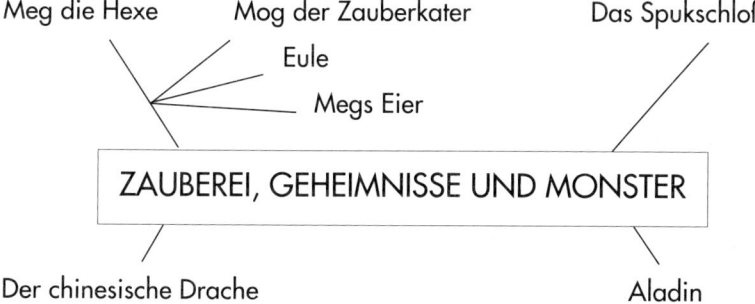

Meg die Hexe

Meg, die Hexe lebt mit Mog, ihrem Zauberkater und Eule in einem verwunschenen Hexenhaus in den Tiefen des Zauberwalds. Obwohl sie schon eine erfahrene Hexe ist, gelingen ihr doch nicht immer alle Zaubersprüche und Hexereien, und so erleben die drei so manche Überraschung ...

Altersstufe
drei bis sieben Jahre

Schwerpunkt
gekrümmte und gezackte Körperhaltungen

Hexengestalten
Die Kindern gehen in die Hocke, erheben sich dann langsam und gehen zu einer gekrümmten Gestalt über.

Schiefe Gangarten
Die Kinder gehen x-beinig, dann mit hohen, spitzen Knien und langen, ausgestreckten Fingern.

Auf dem Besenstiel reiten:
"Hoch hinauf, tief hinunter,
schwirren, flirren Hexen munter!"

Die Kinder strecken die Arme aus, als ob sie auf einen Besenstil ritten. Dann laufen sie mit leichten Schritten, erheben sich hoch in die Luft, lassen sich tief sinken, zuerst mit den Armen weitausgestreckt, dann die Arme tief und eng am Körper. Begleiten Sie die Bewegungen mit den Wörtern "schwirren, flirren".

Mog der Zauberkater

Altersstufe
drei bis sieben Jahre

Schwerpunkt
lange und ausgestreckte Körperhaltungen

Katzengestalten
Die Kinder rollen sich, wölben sich oder strecken sich aus niedrigen Stellungen am Boden in eine weite, ausgestreckte Haltung auf Händen und Füßen, oder hoch auf den Zehenspitzen.

Pfoten und Klauen
Die Kinder halten ihre Hände wie Pfoten vor die Brust und lassen dann, Schlag auf Schlag, je einen Finger aus der Faust schnellen, zuerst bei einer Hand, dann bei der anderen. Sie versuchen außerdem, ihre Zehen auszustrecken und zu krümmen.

Schleichende Katzen
Die Kinder setzen beim Schleichen einen Fuß vor den anderen und zerreißen mit ihren Klauen die Luft oder schleichen mit Händen und Füßen.

Eule

Altersstufe
drei bis sieben Jahre

Schwerpunkt
große, runde Körperhaltung

Eine große flaumige, runde Gestalt
Die Kinder gehen in eine niedrige, enge Hockhaltung mit den Knien bis unters Kinn gezogen und den Ellbogen an die Seiten gepreßt. Langsam gehen sie zu runden Formen mit aufgeblasenen Backen, mit Luft gefüllten Bäuchen und abstehenden Ellbogen als Flügel über.

Schleichen und springen
Verknüpfen Sie Schleich- und Springbewegungen. Achten Sie auf lange, ausgestreckte Sprünge zwischen den Schleichbewegungen.
Eine verrückte Katze
Benutzen Sie Bilder aus Bilderbüchern über Hexen, um die Kinder dazu zu bringen, schiefe unregelmäßige, gezackte Haltungen einzunehmen. Üben Sie, sich in dieser Haltung rückwärts oder seitwärts zu bewegen.

Eule hüpft.
Die Kinder machen kleine, leichte Sprünge, Füße zusammen. Bilden Sie Bewegungsreihen, in denen Eule hüpft, sitzenbleibt und mit ihren Ellbogenflügeln und Fingern flattert.

Meg, Mog und Eule
Lassen Sie die Kinder die Bewegungen der spitzen, gekrümmten Meg, des langen Mog und der dicken, flaumigen Eule vergleichen. Üben Sie mit ihnen in Dreiergruppen, jedes stellt einen Charakter in seinen verschiedenen Körperhaltungen dar.

Megs Eier

Altersstufe
drei bis sieben Jahre

Schwerpunkt
verschiedene Gangarten

Heraus mit dem Kessel! Es wird Zeit, zum Abendessen einen Zaubertrank zu brauen! Hinein mit den flitzenden Eidechsen.
Die Kinder bewegen sich auf allen vieren, schnell und leichtfüßig, vorwärts, seitwärts, rückwärts und im Kreis herum.

Als nächstes kommen die glitschigen Molche!
Die Kinder gleiten auf ihren Bäuchen langsam und kräftig rückwärts und vorwärts und rollen sich langsam auf die andere Seite.

Noch ein paar hüpfende Frösche dazu - boing! Schnell, den Deckel drauf!
Die Kinder gehen auf beiden Füßen in die Hocke und hüpfen dann kräftig von einem Platz zum anderen, indem sie mit ausgestreckten Knien hoch in die Luft springen und vorsichtig und breitbeinig mit gebeugten Knien landen.

Der Zaubertrank brodelt.
Die Kinder entscheiden, ob sie wie Eidechsen flitzen, Molche gleiten oder Frösche hüpfen wollen. Führen Sie Pausen ein, so daß die Kinder von einem Tier zum anderen wechseln können.

Wir rühren mit einem großen Zauberlöffel.
Die Kinder gehen in die Hocke, und ihre Arme kreisen mit zusammengepreßten Händen langsam und kräftig vor ihrem Körper.

Peng! Meg hat ihren Zaubertrank ertönen lassen.
Die Kinder machen schnell und kräftig einen weiten, ausgestreckten Sprung in die Luft.

Drei riesige Eier erscheinen. Meg, Mog und Eule haben Hunger. Sie klopfen auf die Eier, um die Schale aufzubrechen.
Die Kinder machen schnelle, deutliche Klopfbewegungen vorwärts, rückwärts, zur Seite, hoch und niedrig und mit verschiedenen Körperteilen: Fingern, Ellbogen, Knien und Zehen.

Das hat nichts genützt. Wir versuchen, die Eier zu rollen.
Die Kinder rollen schnell von einem Platz zum anderen, teils eng zusammengerollt, teils in langer, ausgestreckter Haltung.

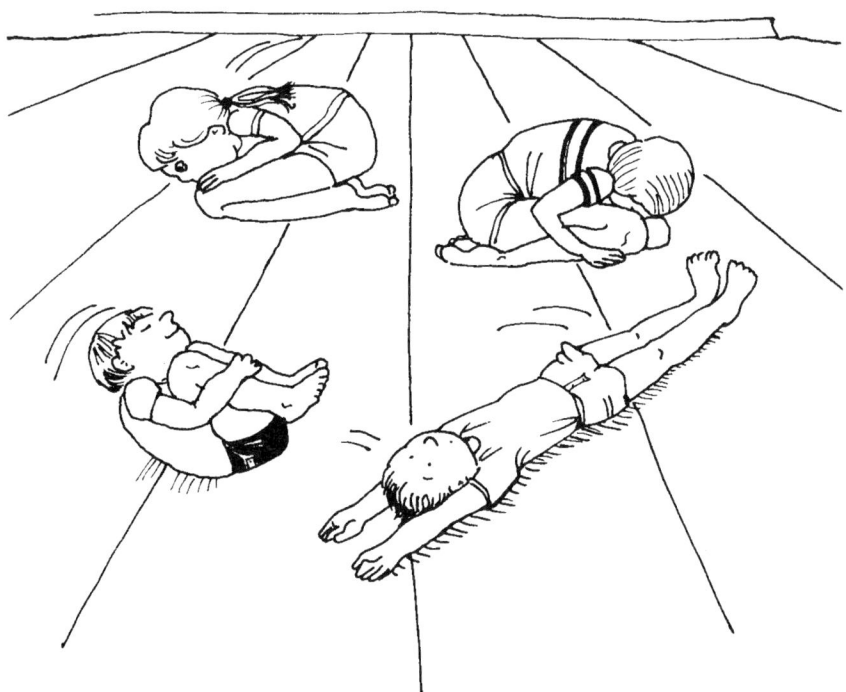

Kein Glück! Wir brechen die Eier auf, indem wir sie auf den Boden werfen.
Die Kinder hüpfen, beginnen einmal mit einem Fuß, dann mit beiden, landen manchmal auf einem, manchmal auf beiden, und bewegen sich vorwärts, rückwärts, seitwärts und im Kreis.
Die Eier gehen immer noch nicht entzwei. Wir versuchen unser Bestes, um diese Eier endlich aufzubrechen!
Die Kinder machen deutliche Klopf-, schnelle Roll- und kräftige Hüpfbewegungen und wechseln diese miteinander ab.

Hilfe! Riesige Monster schlüpfen aus den Eiern!
Aus einer kleinen, zusammengerollten Haltung drücken sich die Kinder langsam und kräftig mit verschiedenen Körperteilen wie Händen, Füßen, Rücken oder Hüften nach außen und enden in einer großen, ausgestreckten Gestalt.
Gefährliche Dinosaurier lassen den Boden erzittern.
Die Kinder schreiten mit riesigen, langsamen und kräftigen Schritten - vorwärts, rückwärts, seitwärts und im Kreis - und benutzen ihre Hände als riesige Klauen, die Löcher in die Luft reißen.
Große Klauen und scharfe Zähne
Die Kinder ballen beide Hände zur Faust und lassen dann einen Finger nach dem anderen herausschnellen und strecken sich in die Höhe, Klauen voran. Sie benutzen die Arme

und klauenartigen Finger, um einen riesigen Mund zu formen, der sich öffnet und schließt.

Scharfe, spitze Hörner
Die Kinder lassen ihre Ellbogen, Knie und Finger herausschnellen, nehmen eine spitze, aufrechte Haltung ein und machen dann spitze Schritte mit hochgehobenen Klauen.

Lange Schwänze
Üben Sie in Zweiergruppen, ein Kind hinter dem anderen, das vordere Kind benutzt seine Arme als Kiefer, das hintere seine Arme, um einen langen, peitschenden Schwanz nachzuahmen.

Monster, die sich bewegen
Die Kinder bewegen sich in Zweiergruppen mit mahlendem "Kiefer" und peitschenden "Schwänzen". Wechseln Sie ab, so daß jedes Kind die Möglichkeit hat, Schwanz oder Kiefer zu sein.

Die gefährlichen Dinosaurier werden größer und größer.
Üben Sie in einer Gruppe oder mit allen Kindern. Ein Kind steht hinter dem anderen und hält das Kind davor an den Schultern fest. Dann machen sie zusammen riesige, kräftige, rhythmische Schritte.

Meg spricht einen speziellen Schrumpfzauberspruch.
Die Kinder stehen in langer, ausgestreckter Haltung und schrumpfen langsam auf eine kleine, gerollte Gestalt auf dem Boden zusammen.

Uiiii! Das war knapp!

Das Spukschloß

Altersstufe
fünf bis elf Jahre

Schwerpunkt
Unterschiede von Pfaden, Höhen und Gestalten

In einem dunklen, dunklen Wald
Die Kinder machen frei im Raum große, langsame, ruhige Schritte mit Pausen.

Waldwege
Malen Sie mit Kreide lange, gerade Linien auf den Boden und lassen Sie die Kinder diese dann auf Zehenspitzen entlanggehen und sich dazwischen, um Sie herum, auf Sie zu und von Ihnen weg bewegen, so daß kurvige Strecken entstehen.

Nachtgestalten
Teilen Sie die Klasse in zwei Gruppen auf: eine Gruppe verwandelt sich in langgestreckte, spitze, nächtliche Bäume und die andere in hüpfende Eulen oder huschende Ratten. Eine Gruppe bleibt still stehen, die andere hüpft und huscht von einem Platz zum anderen.

Das dunkle Spukschloß
Eine knarrende Tür
Die Kinder kriechen zu einem Platz, machen dann einen Schritt vorwärts und stoßen langsam aber kräftig mit Händen, Armen und Beinen eine Tür auf.

Wir suchen oben und unten.
Die Kinder machen auf Zehenspitzen leise Schritte, mit Stehenbleiben in gestreckter oder geduckter Haltung.

Spinnwebformen
Die Kinder gehen langsam aus einer zusammengerollten Haltung in eine weitausgestreckte über, strecken sich, und strecken die Hände auf verschiedenen Höhen aus.

Huschende Spinnen
Die Kinder strecken sich auf Händen und Füßen aus und huschen seitwärts weg.

Die Wendeltreppe
Beginnen Sie damit, daß Sie mit einen Finger eine Spiralform in der Luft beschreiben, von oben nach unten. Mit den Dreh- und Spiralbewegungen erheben sich die Kinder langsam und lassen sich dann wieder von einer höheren Ebene auf eine tiefere sinken. Schließlich gehen sie auf Zehenspitzen kleine Kreise.

Gespenster
Ein wehender, wirbelnder Geist
Die Kinder beginnen in zusammengerollter Haltung auf dem Boden, gehen dann langsam aufwärts in eine lang ausgestreckte Haltung über und drehen und rollen sich langsam und leicht vom Platz weg und wieder zurück.

Skelette: knochige Arme
Die Kinder stehen mit losen, hängenden Schultern, angewinkelten Ellbogen und schlaffen Fingern.
Klappernde Knie
Die Kinder schütteln die Knie auf und ab und von einer Seite zur anderen.
Nickende Totenköpfe
Die Kinder nicken mit den Köpfen auf und ab und von Seite zu Seite.
Tanzende Skelette
Benutzen Sie verschiedene Körperteile als Ausgangspunkt für verschiedene Bewegungen im Raum, z. B. hüpfen mit hochgezogenen, spitzen Knien, springen mit ruckhaften Ellbogenbewegungen und schreiten mit ausgestreckten Beinen.

Eine große, schwarze Katze
Die Kinder rollen zuerst die "Klauen" ein und strecken sie aus, dann den ganzen Körper. Sie laufen herum und bleiben mit hochgehobenen "Klauen" stehen oder bleiben öfter plötzlich stehen und drehen sich in eine andere Richtung. Sie kriechen und machen Sprünge. Bilden Sie eine Bewegungskette, z. B.: "kriech, kriech, kriech und spring".

Wie kommen wir hinaus?
Durch lange, gerade Gänge?
Die Kinder laufen gerade Strecken mit plötzlichem Stehenbleiben und deutlichem Richtungswechsel.

Die Wendeltreppe hinunter?
Die Kinder kriechen in kleinen Kreisen herum und drehen sich langsam aus einer hohen, breiten Haltung in eine niedrige, zusammengerollte Haltung.

Durch das Spinnennetz?
Die eine Hälfte der Gruppe reckt sich und streckt die Hände aus, um ein Spinnennetz zu bilden, die andere Hälfte macht vorsichtig höhere und niedrigere Schritte im Netz umher und heraus.

Durch die Tür?
Die Kinder machen langsame, kräftige Drückbewegungen, gefolgt von schnellen, leichten Laufschritten.

Der chinesische Drache

Vor langer, langer Zeit lebte in China einmal ein riesiger Drache in einem schlammigen, sumpfigen Flußbett. Von Zeit zu Zeit erhob sich der Drache aus dem Flußbett, marschierte auf die umliegenden Dörfer zu und tötete und fraß die Leute auf, die dort lebten. Schließlich bemerkten die Leute, daß der Drache in regelmäßigen Abständen kam - einmal im Jahr. Sie entdeckten auch, daß der Drache sich vor lautem Krach, Feuer und grellen Farben (rot, knallrosa und besonders orange) fürchtete. Im Jahr darauf bereiteten sich die Dorfbewohner auf die Ankunft des Drachen vor. Sie machten einen Riesenkrach, schwenkten brennende Fackeln hin und her und wedelten mit grellfarbigen Flaggen und trieben so den Drachen zurück in den Fluß. Er wurde danach nie mehr gesehen. Der Sieg über den Drachen wird am chinesischen Neujahrsfest mit bunten, grellen Flaggen, Krachern, Festen und Jahrmärkten gefeiert.

Altersstufe
fünf bis elf Jahre

Schwerpunkt
Gegensätze in Stärke und Geschwindigkeit, übertriebene Körperhaltungen

Der Drache steigt aus dem Fluß, marschiert auf die Dörfer zu, tötet die Leute und frißt sie auf.
Die Kinder laufen schnell mit weiten, kräftigen Bewegungen im Raum umher und bleiben dann in der größtmöglichen Gestalt stehen.

Geben Sie folgende Ratschläge zur Vergrößerung der Gestalt:
- Zehen und Finger so weit wie möglich ausstrecken
- auf einem Fuß stehen und den anderen ausstrecken
- auf dem Boden liegen

Der Drache ist so groß wie ein Baum, so breit wie ein Schulhaus und so lang wie ein Zug. Er lebt in einem schlammigen Flußbett.

Die Kinder erheben sich langsam und mächtig vom Boden und gehen in eine große Gestalt über.

Der Schlamm ist schwer und das Wasser tief.

Die Kinder drücken sich noch langsamer und kräftiger aufwärts.

Der Drache hat Hunger. Wie kommt er zu den naheliegenden Dörfern?

Die Kinder wechseln von einer Gangart in die andere.
- große, langsame, kräftige Schritte
- große, kräftige Sprünge
- langsames, kräftiges Rutschen auf dem Bauch.
- über den Boden schreiten, springen und rutschen

Beim Schreiten oder Springen sollten die Kinder aufpassen, daß niemand unter ihnen rutscht.

Der Drache versetzt die Dorfbewohner in Angst und Schrecken. Wie?

Die Kinder entscheiden, wie sie die obigen Bewegungen abschließen:
- mit einer großen, furchteinflößenden Gestalt?
- über einem verängstigten Dorfbewohner hockend?
- ein Riesensprung legt das Haus in Trümmer?

Die Dorfbewohner fliehen vor dem Monster und verstecken sich!

Die Kinder laufen leichtfüßig von einem Platz zum anderen und nehmen dann eine Haltung an, als ob sie sich hinter

in einiger Entfernung voneinander an und enden nahe beieinander in einer großen / kleinen Gestalt.

Den Drachen erschrecken:
Stampfen und Klatschen
Schlagen Sie rhythmisch eine Trommel und legen Sie besondere Betonung darauf, daß die Kinder zuerst genau hinhören und dann mitklatschen und mitstampfen.

Vorrücken und Zurückweichen.
Die Kinder gehen vorwärts und rückwärts, auf einen Partner zu und von ihm weg. Bilden Sie eine Abfolge von Bewegungsübungen, wo jedesmal vier Schritte hintereinander erfolgen.

einem kleinen Busch verstecken. Dann wiederholen sie dies, verstecken sich aber hinter einem langen, schlanken Baum. Lassen Sie die Kinder die Übung wiederholen und ein eigenes Versteck wählen.

Reden Sie über die Dorfbewohner. Was machen Leute, wenn sie Angst haben? Sie zittern.
Die Kinder schütteln verschiedene Körperteile so schnell sie können: Kopf, Schultern, Hände, Füße, Knie, Hüften.

Sie verstecken sich.
Die Kinder rollen sich so schnell wie möglich klein zusammen.

Sie wechseln übergangslos von schnellem Zittern in eine kleine, versteckte Gestalt. Bilden Sie Paare, einer ist der Drache, der andere ein geängstigter Dorfbewohner. Sie fangen

Aladin

Altersstufe
sieben bis elf Jahre

Schwerpunkt
gerade und gekrümmte Körperhaltungen, Muster am Boden und in der Luft

Aladin malt faul ein Muster in den Sand.
Die Kinder sitzen und malen mit den Fingern, dann mit den Zehen, gerade und gekrümmte Linien auf den Boden. Sie malen um den ganzen Körper herum Muster. Sie versuchen, auch Muster in die Luft zu malen.

Ein riesiger Drache bewegt sich langsam aufs Dorf zu.
Die Kinder bilden in Zweiergruppen, dann mit allen in einer Reihe verschiedene Gestalten. Zusammen bewegen sie sich in so vielen unterschiedlichen Gangarten wie möglich fort.
Die Dorfbewohner vertreiben den Drachen.
Die Kinder machen sehr schnelle Klatsch-, Spring- und Schwenkbewegungen.
Ein Festtagstanz - "Glückliches Neues Jahr!"
Die Kinder hüpfen und drehen sich im Raum umher, und die ganze Klasse bildet zum Schluß einen Kreis.

Der böse Zauberer
Die Kinder erheben sich langsam und nehmen eine hohe, steife Haltung ein, mit rollenden Augen, die sich von Seite zu Seite bewegen.

Der Zauberer schreitet und schlurft herum.
Stellen Sie dem starken, furchtlosen Schreiten mit Armen, die einen hinten flatternden Umhang andeuten, kurze, unregelmäßig schlurfende Schritte entgegen, bei denen der Umhang mit den Armen um den Körper gewickelt ist.

Die Zauberhöhle: ein großes, schwarzes Loch erscheint im Boden.
Die Kinder beginnen in der Hocke und malen mit einem langen, ausgestreckten Finger langsam einen großen Kreis auf den Boden. Dann gehen sie vorsichtig am äußeren Rand des Kreises entlang. Sie strecken die Arme weit aus, als ob ein Zauberer seinen Umhang öffnen würde, und springen in der Hocke auf den Boden, als ob sie in ein tiefes, dunkles Loch fallen würden.

Versuche, einen Weg heraus zu finden!
Die Kindern zittern und schütteln sich, als ob sie sich fürchteten, tasten um sich herum und drücken mit kräftigen, flachen Händen nach oben, zur Seite, nach unten und nach hinten.

Der Geist aus dem Ring
Die Kinder reiben in langsamen, kreisförmigen Bewegungen die Hände aneinander, bewegen sich dann langsam, rollen Hände und Arme ein und richten sich auf. Sie drehen sich und wirbeln mit dem ganzen Körper im Stehen und in der Hocke im Raum herum.

Der Geist aus der Lampe
Die Kinder springen, Füße aneinander, von einem Platz auf den anderen. Ermutigen Sie die Kinder zu explosiven, knallfroschartigen Sprüngen mit pfeilförmigen, stechenden Fingern.

Der böse Zauberer kommt verkleidet – neue Lampen statt der alten!
Verbessern Sie das ursprüngliche Bewegungsbild des Zauberers durch Einüben der folgenden Bewegungsreihe:

- größer werden und sich ausstrecken
- lang, ausgestreckt schreiten in gespreizter Körperhaltung
- schrumpfen in eine geschlossene Körperhaltung
- schlurfen in geschlossener Körperhaltung

Aladin und der böse Zauberer

Die Kinder üben in Zweiergruppen, ein Kind als Aladin, das andere als böser Zauberer. "Aladin" rollt sich klein zusammen, der "Zauberer" wird größer und streckt sich aus. Der "Zauberer" schwenkt die "Zauberlampe" hoch in der Luft,

während er um "Aladin" herumschlurft und lacht. "Aladin" macht plötzlich einen hohen, explosiven Sprung in Richtung ausgestreckte Hand, greift nach der Lampe, und der Zauberer fällt zu Boden.

Wieder froh

Die Kinder hüpfen in Zweiergruppen - als Aladin und Prinzessin - umeinander herum, oder sie hüpfen einzeln umher.

Feuer und Licht

Die Begriffe Feuer und Licht sind ideal für eine Reihe von unterschiedlichen Bewegungsideen. Das Bild des Feuers liefert den Kontrast zwischen Funken und Flammen, die sich auf eine schnelle, direkte Art bewegen, und Rauch, der langsam und leicht steigt und sinkt, wirbelt und rollt.

Licht wird durch Kerzen, eine Kerzenprozession, Spiegel und Schatten repräsentiert.

Dieses Thema ist stark mit religiösen Festen wie Weihnachten, Diwali und Hanukkah verknüpft. Auch heidnische Feiern wie z. B. das Fest der Schatten am Mittsommertag in Stonehenge, klingen an und nicht zuletzt Geburtstagsfeste und Feuerwerke.

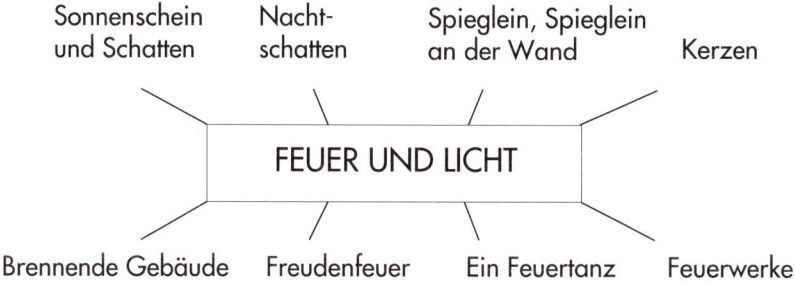

Sonnenschein und Schatten

Schatten, Schatten, klein und kraus,
Ich laß dich wachsen, hoch hinaus.
Jetzt spring ich, streck' mich, mach mich breit,
Schatten, Schatten, bist nicht weit.
Auf Zehenspitzen, Schatten, zieh!
Ich kann dich nicht verlieren, nie!

Kate Harrison

Altersstufe
fünf bis elf Jahre

Schwerpunkt
Polonaisen

Lassen Sie die Kinder das Gedicht nachsprechen, während sie sich bewegen. Die Begriffe sollten Sie zuerst vor versammelter Gruppe klären.

Schatten, Schatten, klein und kraus,
Beginnen Sie mit einer Reihe von kleinen, zusammengerollten Positionen.

Ich laß dich wachsen, hoch hinaus!
Die Kinder gehen langsam in ausgestreckte Haltungen oder lange, schlanke Stellungen am Boden über. Versuchen Sie dies in Gruppen. Achten Sie darauf, daß alle gleichzeitig in dieselbe Haltung übergehen.

Jetzt spring' ich, streck' mich, mach' mich breit,
Die Kinder springen mit weit gespreizten Beinen und ausgestreckten Armen und spiegeln entweder die Bewegungen eines Partners oder bewegen sich Seite an Seite oder in einer Polonaise hintereinander

Schatten, Schatten, bist nicht weit!
Üben Sie eine hüpfende Schattenreihe mit der Betonung auf gleichzeitigem Übergang in genau identische Haltungen.

Auf Zehenspitzen, Schatten, zieh!
Die Kinder machen große, kontrollierte Schritte zu einem Platz, schlüpfen und stürzen in verschiedenen Richtungen davon und bleiben plötzlich stehen, bevor sie schließlich zu ihrem Partner zurückkehren.

Ich kann dich nicht verlieren, nie!
Die Kinder machen eine Schattenreihe. Führen Sie ein: treffen und auseinandergehen in großer oder kleiner Gestalt, hoch und tief; größer werden und schrumpfen in hohe, breite, gedrehte und gezackte Schattengestalten. Die Kinder bewegen sich leichtfüßig eines nach dem anderen, zuerst langsam, dann schnell. Üben Sie, sich zusammen oder in einer Reihenfolge zu bewegen. Ein Kind versucht, das andere auszutricksen, indem es eine unvorhersehbare Bewegung macht.

Nachtschatten

Altersstufe
drei bis sieben Jahre

Schwerpunkt
Schnelle und ruckhafte Bewegungen werden weichen und gleichmäßigen gegenübergestellt.

Spitze, gespenstische Schatten
Die Kinder machen plötzliche, ruckhafte Bewegungen mit den Fingern, Ellbogen, Knien und dem Kopf.

Stille, schleichende Schatten
Die Kinder bilden Zweiergruppen. Das Kind vorne führt mit langsamen, kontrollierten Schritten von einem Platz zum anderen.

Die Schatten spielen mit dem Mond.
Die Kinder wählen sich eine Gestalt aus - spitz, hoch, breit, rund. Legen Sie Wert auf Genauigkeit. Achten Sie darauf, daß sich ein Kind nach dem anderen bewegt und dann in einer klaren Körperhaltung verharrt. Dann springen, hüpfen und drehen sich die Kinder mit einem Partner, treffen und trennen sich und bilden seitlich ausgedehnte Formationen.

Spieglein, Spieglein an der Wand

Altersstufe
sieben bis elf Jahre

Schwerpunkt
ausgestreckte, gedrehte, gezackte und lustige Körperhaltungen, der Reihe nach

Der Zauberspiegel
Die Kinder stehen sich in Zweiergruppen gegenüber und werden langsam und gleichmäßig zusammen größer, dann kleiner, abwechselnd in hohen, breiten, gedrehten und niedrigen, zusammengerollten Körperhaltungen. Entwickeln Sie dies weiter, indem Sie einfache symmetrische und asymmetrische Haltungen einführen, ein Kind spiegelt die Bewegung des Partners genau wider.

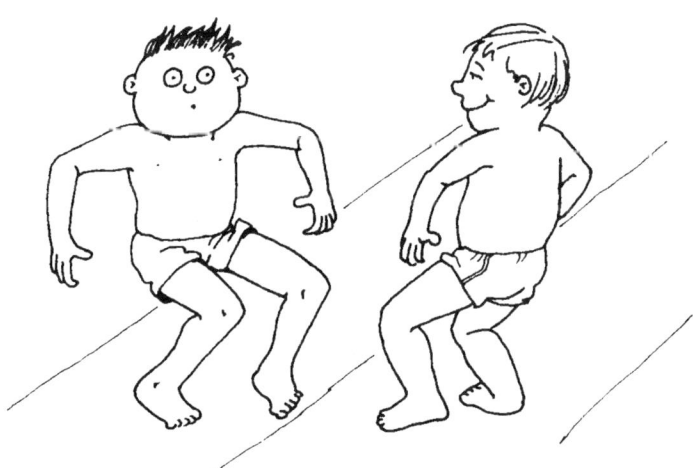

Spiegelkabinett
Die Kinder stehen sich wieder gegenüber, springen auf und ab und seitwärts, um eine Reihe von lustigen Körperhaltungen einzunehmen. Lassen Sie die Kinder verschiedene Stellungen üben, und benutzen Sie Wörter wie schwabbelig, spitz, dünn, dick und krumm, um deutliche Formen zu erreichen. Diese Übung kann zu einem "Spiegelkabinett" weiterentwickelt werden: zwei Kinder tanzen einander gegenüber und verharren jedes Mal, wenn die Musik aufhört, in einer Reihe von seltsamen Spiegelformen.

Der Spiegel bekommt einen Sprung quer durch.
Achten Sie darauf, daß Körperteile plötzlich herausschnellen, um spitze Formen darzustellen und die Kinder dann von der einen Seite auf die andere springen und von hoch oben nach tief unten.

Kerzen

Altersstufe
fünf bis elf Jahre

Schwerpunkt
größer und kleiner werdende Gestalten, Bewegungsabläufe in Zweiergruppen, Reihen und größeren Gruppenformationen

Kerzen haben verschiedene Formen:
Lange, dünne Kerzen
Die Kinder gehen von einer kleinen Form in der Nähe des Bodens langsam und gleichmäßig in ein hohe, schlanke Haltung auf Zehenspitzen mit ausgestreckten Armen und spitzen Fingern über, oder sie liegen auf dem Boden und bringen ihre Beine langsam und gleichmäßig in eine hohe, schlanke Form. Sie stützen den Körper mit den Schultern ab und strecken die Füße in Richtung Decke.

Pyramidenkerzen
Aus einer kleinen Form am Boden strecken sich die Kinder langsam und gleichmäßig in eine hohe, dreieckige Haltung

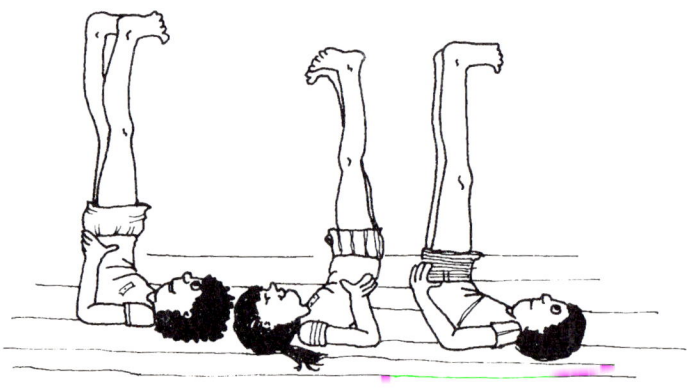

mit weit gespreizten Beinen, Arme hoch und Finger über dem Kopf ausgestreckt. Als Alternative beginnen Sie mit beiden Händen und einem Fuß auf dem Boden und strecken sich langsam und gleichmäßig in eine dreieckige Gestalt, einen Fuß hoch in die Luft gestreckt. Wiederholen Sie dies, mit beiden Beinen und einer Hand weit voneinander weg auf dem Boden und einer Hand in die Luft gestreckt.

Hohe, gedrehte Kerzen
Die Kinder drehen sich langsam und gleichmäßig, Hände voran, im Kreis und dann aufwärts in eine hohe, gewundene Haltung.

Kurze Spiralkerzen
Die Kinder drehen sich langsam und gleichmäßig, Arme um den Körper gewickelt, in eine kurze, gewundene Haltung. Dann drehen sie sich zurück und nehmen eine andere kurze, gewundene Haltung ein.

Die Flamme wird unruhig, wenn die Leute im Zimmer sich bewegen.
Die Kinder wählen eine der Kerzenformen und machen dann eine "Flamme" (Hände, Füße oder sogar Kopf), die sich sanft

von Seite zu Seite bewegt. Sie bewegen die "Flamme" leicht und gleichmäßig so weit, daß der übrige Körper anfängt, zu schwanken.

Eine Tür öffnet sich, und die Flamme flackert im Durchzug.
Die Kinder behalten die Kerzengestalt und bewegen die "Flamme" schnell und abrupt.

Einige Kerzen werden ausgepustet.
Die Kinder lassen sich aus der Kerzenhaltung schnell auf den Boden sinken und machen sich klein.

Einige Kerzen schmelzen, bis die Flamme verlöscht.
Die Kinder sinken langsam zu Boden und strecken sich dann groß und flach auf dem Boden aus.

Bei besonderen Anlässen benutzt man einen besonderen Kerzenständer mit mehreren Kerzen...
Von einer kleinen Gestalt auf dem Boden strecken die Kinder einzeln oder zusammen langsam und kräftig die Arme und Beine in die Luft und spreizen Finger und Zehen.

...oder vielen Kerzen.
Die Kinder bilden kleine Gruppenformationen und strecken sich dann langsam zu Kerzenformen aus, heben Arme und Beine in die Luft und spreizen Finger und Zehen. Halten Sie jedes Gruppenmitglied an, sich in eine andere Form zu strecken.

Kerzen auf dem Geburtstagskuchen
Bilden Sie einen Kreis mit der ganzen Gruppe, oder lassen Sie die Kinder in kleineren Gruppen Kerzenhaltungen einnehmen.

Eine Kerzenprozession
Die Kinder gehen langsam und vorsichtig, mit nach vorn ausgestreckten Händen und Handflächen nach oben, als ob sie eine kostbare Kerze hielten. Wiederholen Sie dies mehrmals. Ein Kind fungiert als Anführer, das andere folgt oder die ganze Gruppe bewegt sich in einer Reihe oder einer kleinen Gruppenformation. Sie gehen langsam und vorsichtig verschiedene Strecken - kurvenreiche, sich windende Wege, Kreise oder Spiralen.

Feuerwerke

Altersstufe
drei bis neun Jahre

Schwerpunkt
gegensätzliche Dynamik und Körpergestalten

Zischende Wunderkerzen, die brennen...
Die Kinder entscheiden, ob sie sitzen oder stehen und schwenken schnell und kräftig die Hände auf und ab, vor sich, hinter sich, an den Seiten des Körpers, oben, unten und im Kreis herum.

...und Funken sprühen.
Die Kinder stehen und ballen die Hände zu Fäusten, lassen dann kräftig und deutlich die Finger vor sich, hinter sich, auf den Seiten, oben und unten herausschnellen, mit beiden Händen gleichzeitig oder zu verschiedenen Zeiten an verschiedenen Stellen.

Rasende Raketen, die fliegen...
Die Kinder laufen schnell verschiedene Strecken.
...explodieren...
Die Kinder springen kräftig in klare Sternformen.
...und zischen.
Die Kinder drehen sich sanft und lassen sich auf dem Boden nieder.
Leuchträder, die herumwirbeln...
Die Kinder fahren schnell und kräftig mit den Beinen in der Luft Rad.

...und wirbeln...
Die Kinder lassen die ausgestreckten Arme schnell und kräftig kreisen, manchmal vorwärts, manchmal rückwärts.
...und wirbeln.
Die Kinder drehen sich schnell von einem Platz zum anderen, erst in eine Richtung, dann in die andere.
Einige Feuerwerkskörper gehen nicht richtig los.
Wiederholen Sie die obige Übung. Die Kinder lassen nun manchmal schnell den Kopf hängen oder sich langsam zu Boden fallen.

Sei vorsichtig! Geh zurück!
Die Kinder machen einen langsamen und vorsichtigen Schritt zurück. Lassen Sie ein Kind "den Feuerwerkskörper, der nicht losgeht" spielen, die anderen bilden einen Kreis um es herum. Während der "Feuerwerkskörper" erst glimmt und dann verlischt, machen die anderen Kinder große Schritte rückwärts und halten sich so lang wie möglich an den Händen.

Geht der Feuerwerkskörper aus?
Der "Feuerwerkskörper" dreht sich langsam und kommt zur Ruhe.

Oder explodiert er?
Das Kind macht einen großen, deutlichen Sprung in eine klare Sternform.

Die Kinder warten und sehen zu, bis ein Erwachsener sagt, daß der Feuerwerkskörper jetzt ungefährlich ist.

Beim großen Abschlußfeuerwerk gibt es große Sternenregen.
Die Kinder schließen sich in kleinen Gruppen zusammen und bilden langsam einen Gruppenstern, in einem Kreis, einer Reihe oder einer geschlossenen Gruppe, mit gespreizten Zehen und Fingern, die auf jeder Höhe und in jede Richtung herausragen. Dann machen die Kinder einen kräftigen Sprung weg von der Gruppe, drehen sich sanft und lassen sich weit weg von der Gruppe auf dem Boden nieder.

Ein Feuertanz

Altersstufe
fünf bis neun Jahre

Schwerpunkt
Gegensätze zwischen gleichmäßigen und ruckhaften Bewegungen

Das Feuer fängt mit einem Funken an, dann sieht man es an allen Ecken und Enden aufflackern.
Die Kinder machen kurze Stechbewegungen mit den Fingern, Ellbogen und Knien, zuerst auf der Stelle, dann springen sie hoch und nieder und flitzen von einem Platz zum anderen.
Der Rauch steigt auf, er kräuselt sich und wirbelt im Kreis herum.
Die Kinder nehmen eine zusammengerollte Körperhaltung ein, erheben sich dann, drehen und öffnen sich und strecken sich aus. Sie wirbeln von oben nach unten im Raum herum.
Die Flammen züngeln in alle Richtungen.
Die Kinder gehen mit plötzlichen Sprüngen zu eckigen Gestalten über.

Die Flammen tanzen - hinauf und hinunter und durcheinander.
Die Kinder hüpfen von einem Platz zum anderen, Finger, Ellbogen und Füße voran. Sie tanzen aufeinander zu und voneinander weg.
Das Feuer breitet sich sehr schnell aus...
Die Kinder machen entweder große, niedrige, drehende "Rauchbewegungen" oder kurze, deutliche "Flammenbewegungen", zuerst auf der Stelle, dann breiten sie sich schneller und schneller im ganzen Raum aus.
... und verlöscht dann. Der Rauch ringelt sich hoch und verpufft, die Flammen sind verschwunden, die Asche glüht.
Verlangsamen Sie die Bewegungen, so daß die "Flammen" nur noch gelegentlich züngeln. Der "Rauch" ringelt sich langsam in eine zusammengerollte Körperhaltung zurück.

Freudenfeuer

Altersstufe
fünf bis neun Jahre

Schwerpunkt
Gestalt wechseln, Bewegen als Gruppe

Wir machen ein Freudenfeuer. Was brauchen wir dazu?
Dinge, die niemand braucht und die ungefährlich sind, wie z. B. große, dicke leere Schachteln.
Die Kinder strecken sich langsam in eine breite, flache oder breite, gedrehte Haltung mit ausgestreckten Armen und leicht gebeugten Knien.
Abgebrochene Zweige und Äste
Die Kinder machen langsam gezackte Formen, halten das Gleichgewicht und knicken so viele Gelenke wie möglich ab.
Alte, zerhackte Baumstämme
Die Kinder machen sich groß und rund - im Sitzen oder im Stehen.

Zerknülltes Zeitungspapier
Die Kinder ringeln sich zu kleinen, runden Gestalten auf dem Boden zusammen und wechseln schnell von einer Form in die andere.
Wir bauen das Freudenfeuer auf.
Die Kinder bilden Zweiergruppen. Ein Kind zieht, schiebt, dreht, rollt oder schleift seinen Partner (der in einer der obigen Formen verharrt) langsam und kräftig zu einem Ort, wo das imaginäre Freudenfeuer sein soll. Dann finden sich die Kinder in den verschiedenen oben beschriebenen Gestalten mit anderen Kindern zusammen, um als Gruppe eine Freudenfeuer-Formation zu bilden.
Das Freudenfeuer brennt.
Die Gruppe bildet sitzend einen großen Kreis.
Die Hände wärmen...
Die Kinder halten langsam ihre Arme vor und strecken die Finger zu dem imaginären Feuer hin.
...und die Füße.
Die Kinder halten das Gleichgewicht auf ihrem Po und strecken die Füße langsam nach vorne aus, die Zehen spitz.

Die Gruppe steht im Kreis. Die Kinder beugen sich langsam vornüber zur Mitte hin und strecken sich in eine Gleichgewichtshaltung auf einem Fuß. Oder sie beugen sich langsam nach hinten, strecken einen Fuß zur Mitte hin und halten so das Gleichgewicht.

Aua! Ist das heiß!
Die Kinder strecken Hände und/oder Füße langsam zur Mitte des Kreises und ziehen sie schnell zurück. Sie reiben ihre Hände kräftig aneinander, vor sich, hinter sich, auf den Seiten und überall. Wiederholen Sie dies, und lassen Sie die Kinder sich schnell in eine Richtung, dann die andere drehen. Dann reiben die Kinder kräftig an einem Fuß, während sie von einem Fuß auf den anderen hüpfen. Schließlich strecken sich die Kinder langsam aus und ziehen sich schnell zurück, reiben, drehen und hüpfen zu unterschiedlichen Zeiten im Kreis aufeinander zu.

Brennende Gebäude

Der große neue Turm brennt! Er hat 100 Stockwerke! Die Feuerleitern sind nicht hoch genug! Der Strom geht aus!

Altersstufe
sieben bis elf Jahre

Schwerpunkt
laufen, rollen, heben und stützen mit einem Partner

Kein Licht im Zimmer. Wo ist die Tür?
Die Kinder laufen schnell umher und drehen sich manchmal schnell um, um in eine andere Richtung zu laufen.

Kein Licht im Flur! Gibt es einen Weg hinunter zu den unteren Stockwerken?
Die Kinder laufen schnell und vorsichtig auf geraden Strecken, ändern scharf ihre Laufrichtung und führen oder folgen einem Vortänzer.

Unter dem Rauch hindurch
Die Kinder rollen oder robben langsam über den Boden, einzeln oder mit einem Partner zusammen.

Der Aufzug ist zwischen zwei Stockwerken hängengeblieben. Können wir in den nächsten Stock hinaufkommen?
Die Kinder springen hoch und strecken sich. Dann heben sie vorsichtig einen Partner hoch oder stützen ihn, wenn er sich

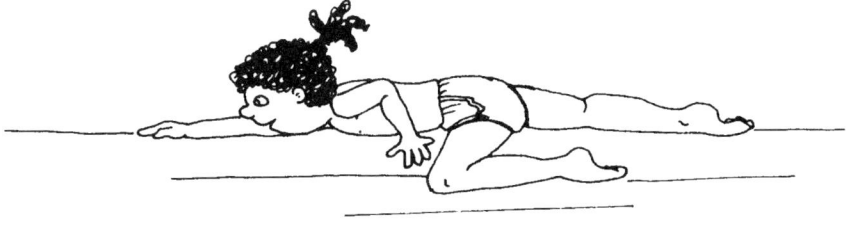

streckt. Dann stützen in einer Gruppe alle zusammen ein Kind, das sich hoch ausstreckt.

Schau! Da sind Leute im Gebäude nebenan! Vielleicht könnten wir auf den Fenstervorsprung klettern!
Die Kinder stehen auf Zehenspitzen, die Füße zusammen, Knie gebeugt, die Arme ausgestreckt, um das Gleichgewicht zu halten. Sie gehen langsam und vorsichtig seitwärts zum Ende des Vorsprungs und gehen langsam und vorsichtig wieder in die Ausgangsposition zurück. Dann bleiben sie stehen und schütteln schnell die Knie.

Es geht tief hinunter. Wird dir schwindelig?
Die Kinder bleiben stehen, schütteln den ganzen Körper und lehnen sich nach vorne, nach hinten oder auf die Seite.

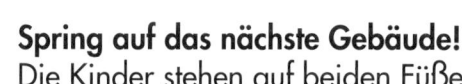

Spring auf das nächste Gebäude!
Die Kinder stehen auf beiden Füßen mit gebeugten Knien, schwenken die Arme, springen flach am Boden entlang, um sanft auf zwei Füßen zu landen. Bilden Sie Zweier- oder Dreiergruppen. Die Kinder helfen den anderen dabei, weiter zu springen, indem sie sanft anschieben. Oder Sie helfen ihnen, weich zu landen, indem sie sie sanft an den Schultern oder um die Taille auffangen.

Wir bringen die geretteten Leute hinein in Sicherheit.
In Zweier- oder Dreiergruppen heben und tragen, ziehen und schleifen die Kinder einen Partner vorsichtig an den Handgelenken oder Knöcheln über den Boden zu einem sicheren Ort.

Kleine Tiere

Tanz- und Bewegungsübungen bieten Kindern eine Menge Möglichkeiten, Gestalt, Größe und andere Eigenschaften der unterschiedlichsten kleinen Tiere nachzuahmen, diese zu übertreiben und zu verstehen.

Führen Sie kleine Tiere zu Anfang damit ein, daß Sie Lauf-, Kriech-, Spring-, Rutsch- und Flugbewegungen vorstellen. Wenn die Kinder mit einigen Bewegungsarten von kleinen Tieren vertraut sind, nennen Sie bestimmte Tiere beim Namen und gehen Sie auf deren Gestalt, Größe, Verhalten und Vorkommen näher ein.

Am besten verstehen Kinder Veränderungen, die im Lebenszyklus von kleinen Tieren eintreten, durch Bewegungsübungen. Untersuchen Sie, wie kleine Tiere sich bewegen. Können sie rückwärts gehen? Seitwärts? In einer geraden Linie? Auf verschlungenen Wegen? Ändern ihre Körper die Form?

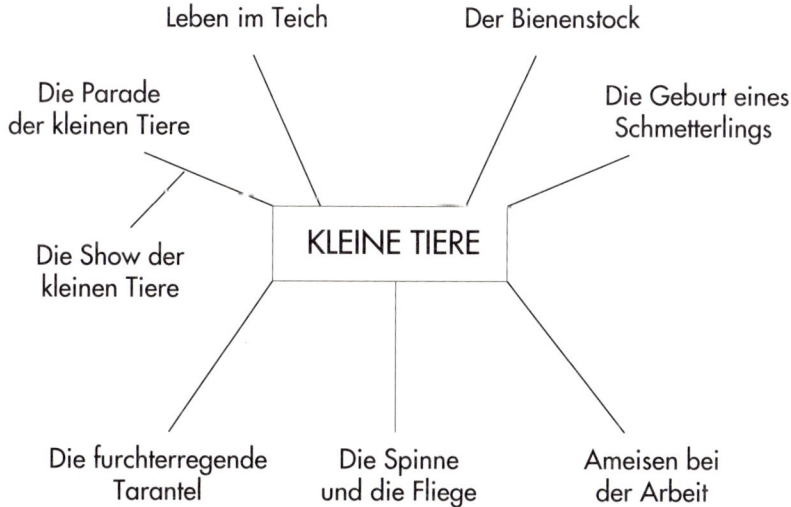

Die Parade der kleinen Tiere

Altersstufe
drei bis neun Jahre

Schwerpunkt
gegensätzliche Fortbewegungsarten

Laufen
Die Kinder machen schnelle, leichte Schritte von einem Platz zum anderen, mit plötzlichem Stehenbleiben und Richtungswechseln.

Kriechen
Die Kinder machen langsame, leichte, langgestreckte Schritte auf Händen und Füßen.

Springen
Die Kinder springen von beiden Füßen auf beide Füße oder von Händen und Füßen auf Hände und Füße.

Gleiten
Die Kinder drehen und ringeln sich langsam am Boden entlang.

Fliegen
Die Kinder laufen aufrecht und geduckt mit hohen Ellbogenflügeln (d.h. mit den Ellbogen als höchsten Punkt einer gestreckten Gestalt) und schnellen, flatternden Armen. Bauen Sie Pausen und stille Augenblicke ein.

Eine Menge kleiner Krabbeltiere
Teilen Sie die Klasse in vier Gruppen auf: Kriechtiere, springende Tiere, fliegende Tiere und gleitende Tiere. Machen Sie aus jeder Gruppe ein Kind zum Anführer, und bitten Sie die Gruppen, sich in verschiedene Ecken des Raums zu begeben. Geben Sie ihnen Zeit, ihre Bewegungen in Richtung Raummitte zu üben. Begleiten Sie schließlich jede Gruppe nacheinander auf ihrem Weg zur Mitte des Raums. Bilden Sie dann mit der ganzen Gruppe eine lange Reihe. Wählen Sie einige Anführer aus. Die restlichen Kinder stellen sich dahinter auf und machen die jeweilige Bewegung des Vortänzers nach, z. B. in einer Reihe kriechen, springen, fliegen, gleiten.

Leben im Teich

Altersstufe
fünf bis elf Jahre

Schwerpunkt
zusammengerollte, ausgestreckte und gedrehte Körpergestalten, Höhenwechsel und Gruppenformationen

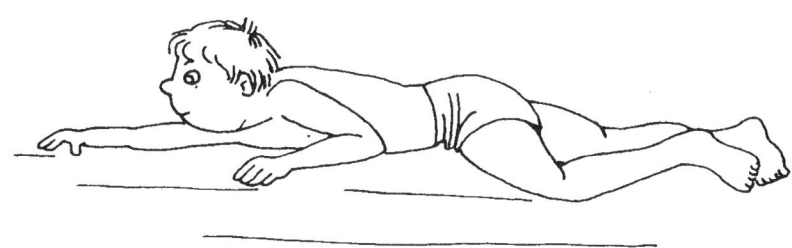

Das Wasser im Teich ist ruhig. Es gibt kein Anzeichen von Leben...
Die Kinder hocken sich in eine niedrige, zusammengerollte Gestalt.
...außer einem Kräuseln, einem Regentropfen, einem huschenden Fisch, einem hüpfenden Frosch.
Die Kinder bewegen sich leicht mit abrupten, zackigen Bewegungen auf und ab und springen mit angezogenen Knien und angewinkelten Ellbogen auf einen neuen Platz.

Seerosen treiben auf dem Wasser. Die Blumen richten ihre Blüte nach der Sonne aus.
Die Kinder machen Treibbewegungen, öffnen sich nach oben und strecken sich seitwärts auf einen Orientierungspunkt hin aus.
Die Wasserspinne spinnt ihr Netz zwischen den Wasserpflanzen.
Teilen Sie die Gruppe in kleinere Gruppen auf, und üben Sie runde Kreisformen am Boden. Bilden Sie Kreise und Linien in den Kreisen, so daß ein Netz entsteht.
Der Wasserkäfer taucht auf dem Rücken und auf dem Bauch und fliegt dann um den Teich herum.
Die Kinder bewegen sich am Boden mit gleichmäßigen, kriechenden Bewegungen, zuerst auf dem Bauch, dann auf dem Rücken mit ausgebreiteten Armen und Beinen. Stellen Sie dem Gleitbewegungen gegenüber.
Im Frühling lebt der Teich!
Die Gruppen suchen sich ein bestimmtes Tier aus, z.B. "Spinnen" oder "Käfer", dann bewegen sie sich abwechselnd.

Der Bienenstock

Altersstufe
fünf bis neun Jahre

Schwerpunkt
zusammengerollte und ausgestreckte Körperformen, Richtungswechsel

Summ, die geschäftige Biene
Die Kinder machen ihren Körper rund und winkeln die Arme an, laufen dann los und bleiben stehen und "summen", während sie die Arme schnell auf und ab bewegen.

Eine Bienenwabe bauen
Die Kinder bewegen sich aufrecht oder geduckt langsam vorwärts, rückwärts oder seitwärts. Halten Sie die Kinder an, sich aufeinander zuzustrecken, um ein Gefühl von verknüpften Formen zu schaffen.

Im Bienenstock
Teilen Sie die Kinder in zwei Gruppen auf: eine Gruppe fungiert als Wabe in ausgestreckten, bewegungslosen Haltungen, die andere als Bienen, die in die Formen hinein- und wieder heraus laufen und stehenbleiben.

Ältere Kinder können straff gespannte Seile benutzen, um eine realistischere Wabe zu schaffen. Die Gruppen wechseln sich in ihrer Funktion ab. Die "Bienen" bewegen sich auf Zickzackwegen von einem Platz zum nächsten.

Die Geburt eines Schmetterlings

Altersstufe
fünf bis sieben Jahre

Schwerpunkt
sich verändernde Körpergestalten, gegensätzliche Vorgänge und Gruppenformationen

Raupen
Beginnen Sie mit verschiedenen zusammengerollten Formen auf dem Boden und lassen Sie die Kinder sich langsam strekken und wölben, schrumpfen und rollen.

Kokons spinnen
Die Kinder drehen sich langsam und machen Spiralbewegungen von oben nach unten.

Die Flügel entfalten sich.
Die Kinder machen aus zusammengerollten Positionen heraus kräftige, Druckbewegungen und öffnen langsam ihre Ellbogen und Arme.

Die Flügel flattern.
Die Kinder üben auf der Stelle plötzliche Flatterbewegungen mit den Armen und machen gelegentlich Pausen.

Schmetterlinge
Die Kinder laufen und strecken sich in die Höhe, machen dann eine abwärtsgerichtete, schwebende Bewegung und schmiegen ihre Arme eng an den Körper. Benutzen Sie die Wörter "fliegen", "schweben" und "sich niederlassen", um die Qualität der Bewegungen zu verbessern.

Der Lebenszyklus eines Schmetterlings
Die Kinder bilden Dreier- oder Vierergruppen. Geben Sie jeder Gruppe die Freiheit, die Bewegungen auszuschmücken, und üben Sie eine komplette, wiederholbare Bewegungsreihe aus den zuvor gemachten Übungen.

Ameisen bei der Arbeit

Altersstufe
drei bis sieben Jahre

Schwerpunkt
Gruppenübungen

Nach Nahrung suchen
Die Kinder laufen schnell und ruhig umher, bleiben stehen und wechseln dann die Laufrichtung.

Lasten tragen
Die Kinder beginnen in der Mitte des Raums und machen langsame Schritte mit gebeugtem Rücken von einem Mittelpunkt weg und wieder darauf zu. Schließlich breiten sie sich am Rand des Raumes aus.

Einen riesigen Ameisenhaufen bauen
Wählen Sie ein Kind aus, das sich in die Mitte des Raums stellt, während sich alle anderen Kinder in vornübergebeugter Haltung am Rand befinden. Sie bewegen sich dann langsam auf das Kind in der Mitte zu, passen aber auf, daß keiner dem anderen zu nahe kommt. Dann schrumpfen sie langsam auf kleine Gestalten am Boden zusammen.

Die Kinder bauen einen "Ameisenhaufen", indem sie sich alle zusammen langsam und gleichzeitig erheben, Rücken voran und Kopf zwischen den Schultern. Wiederholen Sie dies und bitten Sie die Kinder, die sich weiter innen befinden, sich höher zu strecken als die übrigen.

Die Spinne und die Fliege

Altersstufe
drei bis sieben Jahre

Schwerpunkt
kriechen und laufen

Die langbeinige Superspinne...
Die Kinder strecken sich auf Händen und Füßen aus oder stellen sich breitbeinig mit gekrümmten Rücken auf und strecken die Arme weit aus.
...läuft langsam...
Die Kinder machen übertriebene Schritte mit weit gespreizten Beinen und Fingern.

... und streckt sich und rollt sich zusammen.
Die Kinder bleiben in ausgestreckter Haltung stehen und rollen sich plötzlich ganz klein zusammen.
Flitz, die furchtlose Fliege...
Die Kinder stellen sich auf die Zehenspitzen mit angewinkelten Ellbogen als Flügel und spitzen Fingern.
...flitzt von Ort zu Ort.
Die Kinder laufen schnell und leise umher und bleiben plötzlich stehen, zuerst aufrecht, dann in der Hocke.

Die Spinne spannt ihr Netz:
Gehen
Bilden Sie Dreiergruppen. Die Kinder machen langsame, vorsichtige Spinnenschritte und rollen sich so zusammen, daß sie sich anschauen.
Strecken
Die Kinder richten sich langsam auf, verteilen sich und strecken sich weit aus.
Gleichgewicht halten
Üben sie eine Reihe von Gleichgewichtsbewegungen, so daß ein, zwei oder drei Körperteile vom Boden gehoben werden können und in der Endform die ausgestreckten Körperteile der Kinder aufeinander zu gestreckt sind und sich fast berühren.

Gruppennetze mit Gummiband
Benutzen Sie Gummiband, um mit ausgestreckten Netzformen zu experimentieren. Die Kinder strecken sich hoch und beugen sich tief herunter und bilden so Kreuzmuster mit dem Gummiband.

Die Kinder wachsen und schrumpfen abwechselnd langsam zusammen in eine Form. Dann strecken sie sich der Reihe nach aus, so daß die Netzform Zug um Zug gebildet wird.

Im Spinnennetz gefangen
Einige Gruppen bilden Netzformen (mit oder ohne Gummiband) und die übrigen fungieren als "Fliegen". Die "Fliegen" laufen umher, und die Netze verändern langsam ihre Höhe und Form.
Achten Sie darauf, daß die "Fliegen" in die Spinnennetze hineinlaufen und auf Kommando halten oder weiterlaufen.
Ein Spinnennetz mit der ganzen Gruppe
Dic Kinder beginnen in einer niedrigen, zusammengerollten Position. Wenn Sie Gummiband benutzen, sollte jedes Kind zwei Enden in jeder Hand halten.
Das Spinnennetz wird größer und größer, jedesmal ein Strang mehr.
Wählen Sie ein Kind aus, das zwischen den anderen auf Zehenspitzen umhergeht und ein Kind nach dem anderen sanft am Kopf berührt. Die, die berührt werden, strecken sich langsam in verschiedene hohe und niedrige Haltungen und halten das Gleichgewicht.

Die furchterregende Tarantel

Altersstufe
fünf bis elf Jahre

Schwerpunkt
Gruppenarbeit, Gegensätze in Gestalt und Geschwindigkeit

Bananen wachsen in großen Büscheln.
- Die Kinder stehen auf einem Platz und machen "Bananenformen", d. h. sie beugen sich nach vorne, nach hinten und seitwärts, mit ausgestreckten Armen, Hände und Füße zusammen, die Hüften nach außen gedrückt.

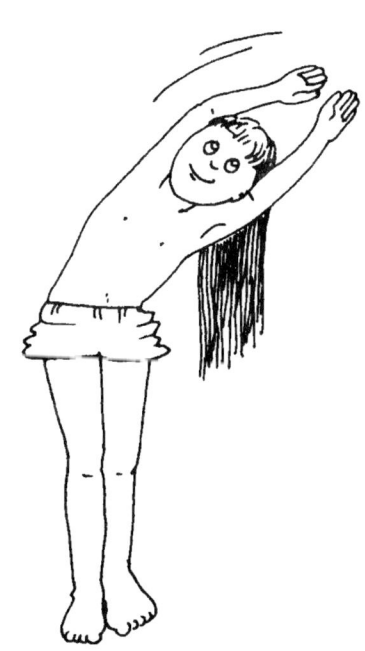

- Die Kinder machen ausgestreckte, gekrümmte "Bananenformen", balancieren auf dem Bauch, dem Rücken oder den Seiten, Hände und Füße vom Boden abgehoben.
- In Zweiergruppen oder Kleingruppen suchen die Kinder nach interessanten Möglichkeiten, um die "Bananen" zu verknüpfen, sie reichen sich z. B. die Hände, verbinden Füße miteinander oder Hände mit Füßen. Sie tun dies im Stehen oder in einer Gleichgewichtsposition auf dem Boden.
- Die Kinder hüpfen auf ihrem Platz hin und her und schließen sich einzeln der Gruppe "Bananenbüschel" an.

Ein großer, bauchiger Körper und riesige, haarige Beine
Die Kinder machen lange, niedrige Kriechschritte und biegen die Arme langsam und gleichmäßig in der Luft, um den Eindruck zu erwecken, daß sie mehrere Beine haben. Sie kriechen mit gebogenen Armen rückwärts und seitwärts in einem Kreis.

Unbewegliche Spinnen, die ab und zu pulsieren.
Die Kinder verharren in einer großen, dicken Spinnenform mit breit gespreizten Beinen, durchgebogenen Knien und vornübergebeugtem Rücken. Die Arme sind ebenfalls gebogen und weit ausgestreckt. Sie machen einen Buckel und wölben sich, vibrieren leicht mit den Armen und beugen die Knie.

Kleine Taranteln laufen und drehen sich.
Ein Kind kriecht langsam als "furchterregende Tarantel" umher, bleibt stehen und pulsiert, während mehrere "kleine Taranteln" sich schnell und leichtfüßig um sie herum oder unter ihr durch bewegen.

Eine furchterregende Tarantel sucht den Schatten.
Mehrere Kinder formen ein "Bananenbüschel", während "die furchterregende Tarantel" sich unter, über oder durch die Gruppenformation bewegt.

Entsetzen! Sieh nur! Was ist das? Kann es eine große Banane sein, die mich anstarrt?
Die Kinder bleiben unbeweglich in ihrer Gleichgewichtsposition stehen.

Sei nicht albern! Es ist ernst! Das ist eine Spinne! Nichts wie weg!
Die Kinder laufen aus einer bewegungslosen, ausgestreckten Gleichgewichtshaltung auf einem Fuß plötzlich schnell weg auf einen anderen Platz. Am Ende rollen sie sich zusammen oder stehen und zittern am ganzen Körper.

Leute kommen vorbei, um eine Banane zu essen
Die Kinder hüpfen schnell und leichtfüßig herum. Dann bleiben sie stehen und strecken einen Arm langsam und kräftig nach vorne aus, als ob sie eine Banane von einem großen Büschel pflücken wollten.

Die größte, beste Banane ist genau in der Mitte des Büschels. Kann man sie erreichen?
Die Kinder hüpfen und bleiben stehen, um langsam und kräftig ihre Hand nach vorne oder zur Seite hin auszustrecken, und gehen dann in eine ausgestreckte Haltung auf einem Fuß über.

Die Show der kleinen Tiere

Altersstufe
drei bis neun Jahre

Schwerpunkt
Bewegung und Geschwindigkeit

Ein wagemutiger Weberknecht
Die Kinder machen breite, ausgestreckte Gestalten auf Händen und Füßen, balancieren dann in einer Reihe von Gleichgewichtspositionen, z.B. auf einem Arm oder Bein; ein Bein in die Luft ausgestreckt; auf zwei Beinen, mit einem oder beiden Armen ausgestreckt.

Das Schneckenwettrennen
Die Kinder rollen sich in Zweiergruppen nebeneinander auf dem Boden zusammen und ziehen sich langsam vorwärts, mit gewölbtem Rücken, Ellbogen und Knie am Boden.

Heuschrecken-Weitsprung
Die Kinder machen mit zusammengepreßten Füßen aus einer Hockposition lange Sprünge. Die Hände müssen am Ende jedes Sprunges den Boden berühren.

Die Luftschau
Die Kinder wirbeln und stürzen im Raum herum, aufrecht und geduckt, öffnen und schließen "Flügel", "schweben" und "brummen".

Die Spinne auf dem Hochseil
Die Kinder drehen sich langsam und gehen mit ausgestreckten Armen, als ob sie balancieren, eine gerade Linie entlang zu einem anderen Platz. Sie übertreiben jede Bewegung, so daß die erstaunliche Beweglichkeit der Spinne zum Ausdruck kommt.

Großstiefel, der sagenhafte, steppende Käfer!
Die Kinder bewegen sich spontan, zu einem vorgegebenen Rhythmus auf der Stelle steppend, vorwärts, rückwärts, seitwärts und mit einem Partner.

Flitz, die furchtlose Fliege!
Die Kinder gehen auf Händen und Füßen umher, den Kopf voraus, oder mit der Brust der Decke zugewandt. Sie bewegen sich erst vorwärts, dann rückwärts, dann seitwärts.

Legen Sie Ringe auf den Boden, die klebrige Kuchen darstellen sollen. Bitten Sie "die Fliegen", auf Zehenspitzen am Rand herumzugehen. Auf ein Signal hüpfen sie dann hinein. Auf ein weiteres Signal ziehen und schieben sich "die Fliegen" schließlich aufwärts und wieder hinaus.

Parade und Vorstellung
Erlauben Sie den Kindern, sich selbst eines von den kleinen Tieren auszusuchen, und entwickeln Sie einzelne Übungen für Zweier-, Dreier- oder Großgruppen.

Wir in der Welt

In diesem Kapitel werden Verbindungen hergestellt zwischen Elternhaus, Kindergarten, Schule und Reisen. Die Kinder werden durch ihre Alltagserfahrungen in Menschenmengen, Supermärkten, Zügen und Bahnhöfen zu kreativen Bewegungen angeregt. Der Humor in diesen Bewegungen macht Pädagogen und Kindern Spaß.

Menschenmengen

Menschen hier, Menschen dort,
Menschen, Menschen, immerfort.
Rennen, hasten, eilen, gehen
Keine Zeit, was anzusehen.

Kate Harrison

Altersstufe
sechs bis elf Jahre

Schwerpunkt
sich bewegen und stehenbleiben

Menschen hier, Menschen dort,
Die Kinder laufen kurvige Strecken und bleiben manchmal stehen und verharren in ihrer Position.

Menschen, Menschen, immerfort. Wo sind meine Freunde?
Die Kinder stürmen schnell kurvige Wege entlang, bleiben manchmal in hohen, ausgestreckten Gleichgewichtspositionen auf einem oder beiden Beinen stehen und schauen über die Köpfe der anderen Kinder.

Rennen, hasten, eilen, gehen. Sind sie hier?
Die Kinder laufen schnell und leichtfüßig, bleiben manchmal stehen, um in die Hocke zu gehen oder sich auf den Boden zu legen und sich umzuschauen.

Sind sie dort?
Die Kinder laufen schnell und leichtfüßig und bleiben manchmal stehen, um jemandem am anderen Ende des Raums zuzuwinken.

Keine Zeit, was anzusehen!
Die Kinder gehen langsam auf einen Platz, bleiben dort stehen und schauen geradeaus. Dann drehen sie ihr Gesicht in eine andere Richtung und laufen auf einen anderen Platz.

Ältere Kinder werden mehr gefordert, wenn sie sich nach jedem Stehenbleiben eine andere Bewegung aussuchen können, z. B. in einer Gleichgewichtsposition über die Köpfe hinwegschauen, in die Hocke gehen oder auf dem Boden liegen, stillstehen und jemandem auf der anderen Seite des Raums zuwinken.

Eine Schlange an der Bushaltestelle

Altersstufe
acht bis elf Jahre

Schwerpunkt
über, unter, um uns herum

Jemand am Ende der Schlange versucht verzweifelt, nach vorne zu kommen. Die Person am Anfang der Schlange bindet seinen Schnürsenkel oder läßt ein Geldstück fallen. Die Person hinten benutzt diese Gelegenheit, um sich vorne anzustellen.
Lassen Sie die Kinder in Zweiergruppen üben, ein Kind hinter dem anderen. Das vordere Kind geht in die Hocke. Das Kind dahinter macht schnell einen Schritt oder springt über das vordere Kind.
Wo ist der Bus? Die Person vorne blickt über die Dächer von imaginären Fahrzeugen oder winkt einem Bus. Die Person hinten benutzt diese Gelegenheit, um sich vorzudrängeln.

Das vordere Kind steht auf Zehenspitzen mit weit gespreizten Beinen oder streckt sich in eine seitliche Gleichgewichtsposition. Das hintere Kind kriecht oder rollt schnell unter ihm durch.
Die Person am Anfang der Schlange ist abgelenkt, weil sie ihren Walkman aufhat. Was für eine tolle Kassette! Die Person von hinten reiht sich vorne ein.
Das Kind vorne hüpft auf und ab und tut so, als ob es einen Kopfhörer aufhat. Das Kind dahinter kriecht langsam und vorsichtig nach vorne.
Schreckliches Warten an der Bushaltestelle
Die Kinder schließen sich zu Vierergruppen zusammen und stellen sich in eine Reihe. Mit den Ideen von oben bilden sie eine Bewegungsfolge, die wiederholt werden kann, wenn es einem Kind gelungen ist, an den Anfang der Schlange zu kommen.

Im Bus

Altersstufe
vier bis sieben Jahre

Schwerpunkt
schneller Wechsel von einer Bewegung in die andere

"Halt dich fest!" Meine Güte, wir sind noch nicht groß genug, um an die Stange heranzukommen!
Die Kinder machen auf der Stelle große Sprünge auf und ab, halten die Füße zusammen und strecken einen Arm hoch, während sie ihre Beine zuerst gestreckt halten und dann die Knie beugen.
"Fahrscheine, bitte!" Wo habe ich mein Geld hingetan?
Die Kinder stehen auf ihrem Platz und klatschen mit den Händen ihren Körper von oben bis unten ab.

Im Doppeldeckerbus:
"Oben ist noch Platz!" Wir gehen mit einer schweren Einkaufstasche die Wendeltreppe hinauf.
Die Kinder machen langsame, schwere Schritte im Kreis, mit vornübergebeugtem Körper.
Das Busspiel
Die Kinder bilden Dreiergruppen. Ein Kind ruft die Aufforderungen des Schaffners, die andern reagieren mit der entsprechenden Bewegung, die solange wiederholt werden muß, bis eine andere Aufforderung kommt. Wiederholen Sie dies, so daß jedes Kind einmal Schaffner sein kann.

Tsch-tsch-tsch

Altersstufe
drei bis sieben Jahre

Schwerpunkt
Grundübungen zur Verteilung im Raum, einzeln und in Gruppenreihen

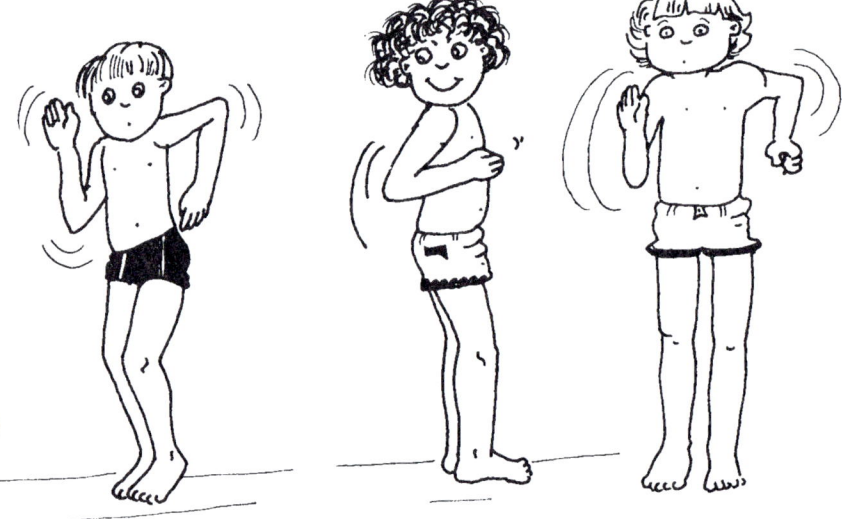

Hier kommt der Zug und tuckert das Gleis entlang.
Die Kinder machen kräftige, rhythmische Schritte von einem Platz zum anderen und beschreiben mit den Armen kleine, kräftige Kreise.

Hier ist der Bahnhof - alle Türen auf!
Die Kinder machen kräftige, rhythmische Schritte von einem Platz zum anderen, bleiben manchmal stehen und "öffnen" einen Arm kräftig nach vorne und dann zur Seite und kehren die Bewegung um, um "die Tür zu schließen".

Dort kommt ein Hügel.
Die Kinder machen kräftige, langsame, rhythmische Schritte von einem Platz zum anderen und mit den Armen langsame, kräftige, enge Kreisbewegungen.

Der Zug tuckert rückwärts aufs Rangiergleis.
Die Kinder machen langsame, kräftige, vorsichtige Schritte rückwärts, schauen über ihre Schulter und lassen die Arme kreisen.

Die Wagen werden angehängt
Die Kinder beginnen auf ihren Plätzen, mit einem Kind als Anführer oder Fahrer. Der "Fahrer" tuckert von einem Platz zum anderen und berührt die "Wagen" leicht im Vorbeigehen. Die "Wagen" schließen sich an und legen die Hand auf die Schultern des "Wagens" davor. Der "Fahrer" führt den Zug durch den Raum, vorwärts, rückwärts oder in den Bahnhof, wo die Türen geöffnet werden.

Der Zug rast auf der anderen Seite den Berg hinunter.
Die Kinder machen feste, schnelle und rhythmische Schritte von einem Platz zum anderen und mit den Armen schnelle Kreisbewegungen.

Und aufwärts geht's, über die gewölbte Brücke.
Die Kinder gehen mit geraden Beinen auf Zehenspitzen, die Arme kreisen. Und runter geht's, durch den tiefen, dunklen Tunnel. Die Kinder bewegen sich mit gebeugten Knien, tief zusammengekauert, die Arme kreisen.

Klick-klack, über die Weichen
Die Kinder machen schnelle, torkelnde Schritte von einem Platz zum anderen, wiegen den Oberkörper hin und her und lassen die Arme schnell und ruckhaft kreisen.

Warten am Bahnhof

Altersstufe
fünf bis sieben Jahre

Schwerpunkt
Bewegungen in, außerhalb, über, zwischen den Dingen und um sie herum

Lange Reihen von Taschen und Koffern - warten ist langweilig. Laß uns mit den Taschen und Koffern einen Tanz erfinden.
Die Kinder bilden Zweier- oder Kleingruppen und erfinden einen Tanz, in den sie einige der folgenden Bewegungen einbauen:

- laufen, hüpfen oder hopsen, aus den und in die Taschen und Koffer, vorwärts und rückwärts
- laufen, hüpfen und hopsen, um eine Tasche oder einen Koffer herum, vorwärts und rückwärts, schnell und leichtfüßig
- hohe Sprünge über eine Tasche oder Koffer, vorwärts oder rückwärts, in gebeugter Form, in flacher Form oder mit Drehung
- über eine Tasche nach der anderen hüpfen
- neben einer Tasche oder einem Koffer anfangen, ein Bein hoch darüber heben und sich auf einem Fuß drehen
- einfache Schrittreihen, um von einer Tasche oder Koffer zum nächsten zu gelangen, mit eingebauten Vorwärts-, Rückwärts-, Seitwärts- oder Drehschritten

Perfektes Packen

Altersstufe
sechs bis elf Jahre

Schwerpunkt
Körperteile bestimmen

Wir versuchen, den Koffer zu schließen.
Die Kinder drücken mit flachen Händen langsam und fest in Richtung Boden.

Nun ja, vielleicht hätten wir keine sieben Handtücher einpacken sollen!
Die Kinder drücken langsam und fest, beginnen mit den Händen hoch über dem Kopf und enden mit den Händen am Boden.

...oder sechs Paar Turnschuhe!
Die Kinder drücken langsam und fest mit anderen Körperteilen - Hüften, Rücken, Beinen.

... oder fünf Sweatshirts!
Die Kinder drücken langsam und fest zu einem Partner hin, mit Händen, Rücken, Hüften oder Füßen.

...oder vier Hüte, oder drei Sonnenbrillen!
Die Kinder pressen langsam und fest mit den Knien, als ob sie den Koffer zwischen den Beinen hätten.

...oder drei Strandschirme!
Die Kinder stampfen schnell und fest mit einem Fuß, dann mit dem anderen.

...oder den Liegestuhl!
Die Kinder springen schnell und kräftig mit angezogenen Knien in die Luft und landen auf beiden Füßen in Hockstellung.

Dann laßt uns gar nichts mitnehmen!
Die Kinder enden mit einem Riesensprung, werfen ihre Arme hoch, landen auf beiden Füßen und bleiben dann sitzen oder plumpsen auf den Boden.

Der Zug steht schon bereit

Altersstufe
drei bis elf Jahre

Schwerpunkt
Gruppenübungen in Kreisen und Reihen

Gepäck aufladen
Die Kinder stellen sich im Kreis oder in einer Reihe auf und halten sich an den Händen, Arme ausgestreckt. Sie lassen die Arme sinken und halten den Abstand zwischen einander konstant, ohne sich zu berühren. Dann, mit wirklichen oder vorgestellten Taschen und Koffern, strecken sie sich langsam und kräftig seitwärts, um eine Tasche hochzuheben. Dann strecken sie sich kräftig und langsam auf die andere Seite, um sie dem nächsten Kind zu geben. Alternativ strecken sie sich langsam und kräftig vorwärts oder rückwärts, um eine Tasche zu nehmen und hoch über den Kopf dem nächsten Kind zu geben, oder sie strecken sich langsam und kräftig durch ihre gegrätschten Beine, um die Tasche dem nächsten Kind zu geben bzw. in Empfang zu nehmen.

Die Show der Kofferträger
Die Kinder geben die Taschen langsam und vorsichtig von einem Kind zum anderen, vorwärts, rückwärts, seitwärts, hoch oder tief, ohne die Hände zu benutzen, z. B.: sie heben

sie mit den Knien, drehen sie auf dem Po, schieben sie mit dem Fuß, tragen sie auf dem Rücken, balancieren sie auf der Brust.

Tolle Schaffner
Alle oben angeführten Bewegungen werden gemischt, so daß möglichst viel Abwechslung entsteht.

Schreckliche Zeitplanung!
Die Kinder setzen ihre Bewegungen von oben fort und werden immer schneller. Es kann sein, daß alle Kinder und Gepäckstücke auf einem Haufen enden.
Oh nein! Die ganze Mühe und jetzt haben wir den Zug verpaßt. Wir müssen auf den nächsten warten!

Der Supermarkt

Altersstufe
drei bis acht Jahre

Schwerpunkt
sich in verschiedenen Körperhaltungen bewegen und stehenbleiben

Auf und ab, durch die Gänge, wir suchen die Sonderangebote dieser Woche.
Die Kinder halten die Arme vor die Brust und machen eine Faust, als ob sie einen Supermarktwagen steuern. Sie gehen mit kräftigen Schritten und gezielt, manchmal vorwärts, manchmal rückwärts, manchmal schnell und manchmal langsam, ändern ihre Richtung in scharfen rechten Winkeln oder führen oder folgen einem Partner.

Warum ist das, was wir wollen, immer auf dem obersten Regal?
Die Kinder bleiben stehen und strecken sich kräftig aus oder springen schnell hoch und strecken ihre Hand aus, bevor sie weitergehen.

Die Einkaufstasche fallen lassen

Altersstufe
drei bis elf Jahre

Schwerpunkt
Gestalt- und Größenwechsel

Die Einkaufstasche fällt zu Boden. Die Dose mit dem Sirup bekommt eine Delle.
Die Kinder beginnen in gerader, aufrechter Position und verändern dann deutlich ihre Haltung, indem sie schnell den Rücken beugen. Dann wechseln sie von einer eingedellten Form in eine andere, wobei sie schnell andere Gelenke anwinkeln – Ellbogen, Knie, Fußgelenke, Hals, Handgelenke, Schultern.

Oder unter dem untersten Regal versteckt?
Die Kinder bleiben stehen und gehen schnell in die Hocke oder legen sich flach auf den Boden, bevor sie weitergehen.
Oder auf dem Boden der Tiefkühltruhe?
Die Kinder stehen mit geraden Beinen am Platz und lehnen sich langsam nach vorne und zum Boden hin, dann strecken sie seitwärts die Arme in Richtung Boden aus. Oder sie strecken sich langsam und kräftig über den Arm oder Rücken eines Partners nach vorne und hinunter; oder seitwärts und hinunter.

Der Deckel ist abgegangen - der Sirup fließt heraus.
Die Kinder beginnen in einer hohen, ausgestreckten Haltung und sinken dann langsam und gleichmäßig zu Boden, einen Körperteil nach dem anderen. Dann rollen sie langsam und gleichmäßig weg und breiten sich am Boden in eine weite, flache Form aus.

Die Nudelhörnchen fallen heraus.
Die Kindern drehen sich schnell von einem Platz zum anderen und bleiben in einer gedrehten Form stehen, bevor sie sich schnell auf den nächsten Platz weiterdrehen.

Das Spülmittel spritzt heraus.
Die Kinder beginnen in der Hocke und machen dann schnelle, kräftige Sprünge in langer gerader, ausgestreckter Haltung, vorwärts, rückwärts, seitwärts und im Kreis.

Seifenblasen sinken zu Boden
Die Kinder lassen sich langsam und sanft sinken und lassen sich in Bodenhöhe nieder.

Sahnetorten werden zerdrückt und zermatscht.
Die Kinder stehen Seite an Seite mit einem Partner, beginnen in ausgestreckter Haltung und drehen sich langsam und kräftig aufeinander zu, drehen sich dann langsam und kräftig umeinander herum und sinken schließlich Seite an Seite zusammen oder einer über dem anderen zu Boden.

Miteinander erleben

☐ Lieben, Lernen, Lachen
Sexualerziehung für 6-12 jährige
Pete Sanders, Liz Swinden
228 S., 20 cm x 25 cm, Pb.
34.80 DM

Sexualerziehung muß nicht nur fröhlich, verantwortlich und offen sein, oftmals muß sie sich auch gegen alle möglichen Verdächtigungen von Eltern, Schulleitungen und Aufsichtsbehörden durchsetzen. Aber auch LehrerInnen müssen mit sich selbst und untereinander klarkommen. Dieses von erfahrenen Pädagogen geschriebene Buch läßt Sie bei keinem dieser Probleme alleine. Im Gegenteil: Alles wird mit Verve und Engagement praktisch angegangen: Elternabend, Gespräche mit Vorgesetzten. Vor allem aber die Arbeit mit Kindern: Arbeitsblätter, Spielvorschläge, Gesprächsanleitungen, Aktivitäten rund um das Thema "Wer bin ich, wer bist du, was machen wir zusammen?". Sexualität ist dabei nur eine Form des zwischenmenschlichen Verhaltens. Hier wird auch keine Kinderfrage schamvoll verschwiegen. Ein umfassendes, lebendiges, ehrliches und hilfreiches Buch auf seiten der Kinder.

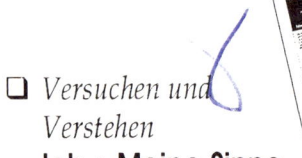

☐ Versuchen und Verstehen
Ich + Meine Sinne
Terry Jennings
Ab Kl. 2, 52 S., A4, Papph.
26.00 DM

Sich selbst, Körper und Sinne mittels kleinerer Aktivitäten und Versuche kennenlernen und wahrnehmen: Auf den 40 Karteikarten (als Freiarbeitskartei ideal!) werden die Kinder schon durch die klaren Zeichnungen dazu angeregt; der Text ist einfach und schon für Leseanfänger verständlich.

☐ Mit Kindern Frieden und Zukunft gestalten
Johannes Esser (Hrsg.)
176 S., 23 cm x 16 cm, Pb.
19.80 DM

Nicht nur die großen Kriege, auch die alltägliche Gewalt ist Teil unserer Gesellschaft, unseres Lebens geworden: Mord, Vergewaltigung, Unterdrückung ... Haben wir uns schon daran gewöhnt? Wenn wir die Gewalt überwinden wollen, mit der zu leben wir uns schon arrangiert haben, müssen wir mit Kindern bereits im Kindergartenalter Frieden leben. **Beziehung statt Erziehung** heißt hier die Devise, also gleichberechtigtes Miteinander, das Kinder als Partner ernst nimmt, statt sie zu bevormunden - denn unser Verhältnis zu Kindern bestimmt, ob sie in eine friedliche oder unfriedliche Zukunft hineinwachsen. Ein umfassender Ansatz zur Friedensbeziehungspraxis in Elternhaus, Kindergarten und Grundschule, viele konkrete Hilfen für die tägliche Arbeit mit Kindern.

☐ Kinder sind k(l)eine Menschen?!
W. Kneip, K. Heinrich, W. Stascheit
GS/OS, 86 S., A4, Papph.
In Kooperation mit Amnesty International
27.00 DM

Arbeitsmaterialien zur UN-Deklaration der Rechte des Kindes. Überall auf der Welt - auch bei uns, in unserer "humanen Gesellschaft" - werden Kinder, die Schwächsten und Schutzlosesten, verletzt, gedemütigt, vergewaltigt. Wir haben Materialien erstellt, die sensibel machen für die alltäglichen Verletzungen, die Kindern zugefügt werden, vor allem aber den Kindern Wege aufzeigen, ihr Selbstvertrauen zu stärken und sich ihrer Rechte bewußt zu sein. Viele Lieder, Spiele, Rollenspiele, Geschichten, Gedichte usw. Zum Teil schon im Kindergarten einsetzbar!

☐ Ich sag' NEIN!
Arbeitsmaterialien gegen den sexuellen Mißbrauch an Mädchen und Jungen
Gisela Braun
Ab 5 J., 67 S., A4, Papph., viele Arbeitsblätter und Illustrationen
25.00 DM

Wie können wir Kinder gegen den sexuellen Mißbrauch schützen? In der BRD werden jährlich ca. 300.000 Kinder sexuell mißbraucht. Die Täter sind in den seltensten Fällen die fremden "bösen" Onkel. Meist entstammen sie dem unmittelbaren Lebensumfeld der Kinder: Brüder, Väter, Bekannte ... Unsere Arbeitsmaterialien für Kindergarten und Grundschule geben einführend grundlegende Informationen und Anleitungen zu diesem schwierigen Thema, bevor über Spiele, Lieder, Geschichten, Gedichte Wege aufgezeigt werden, die Kinder im Sinne einer präventiven Erziehung zu ermutigen, JA zu sich selbst zu sagen, Gefühle zu äußern, schlechte Geheimnisse von guten unterscheiden zu können und vor allem NEIN zu sagen, wenn *ihnen* danach ist.

☐ Das große und das kleine NEIN!
Gisela Braun (Illustr.: Dorothee Wolters)
Ein vierfarbiges Kinderbuch, ab 5 J., 20 S. (+ 4 S. Hinweise für Erwachsene), 23,3 cm x 16,3 cm, Broschüre
9.80 DM

"Wir Kinder haben's manchmal ganz schön schwer mit den Erwachsenen! Sie fragen, ob sie irgendetwas dürfen, du sagst höflich und leise NEIN!, und was passiert ...? Sie hören gar nicht hin und machen es trotzdem. Da mußt du schon mal deutlich werden. Ich war sogar richtig laut, und das hat prima geklappt. Viele werden die Geschichte vielleicht schon aus der Mappe "Ich sag' NEIN!" kennen, hier erhält sie durch die Umsetzung in treffende Bilder eine adäquate Erweiterung und zusätzlichen Reiz.

Kreativität im Spiel

❏ Das kleine Buch der neuen Spiele
D. LeFevre
132 S., A5, Pb., viele Fotos
16.80 DM

Wie Energie von mir ausgeht, so kommt sie zurück. Mit dieser Grundhaltung bereist der Autor die ganze Welt und bringt mit seinen "Neuen Spielen" Katholiken und Protestanten in Irland, Palästinenser und Juden in Israel, Schwarze und Weiße, Alte und Junge zusammen. Über 30 Spiele ohne Konkurrenz, viele Hinweise für SpielleiterInnenm, ausführliche Spielbeschreibungen.

❏ New Games
Die neuen Spiele
A. Fluegelmann, S. Tembeck
192 S., 20,7 cm x 22,6 cm, Pb., 250 Fotos
32.00 DM

60 neue Spiele für jedes Alter von 3-99 gegen den Schul-Frust, gegen Aggression und Gewalt und für ein konstruktives Ausleben der eigenen Energien, für ein spielerisches Kräftemessen und ein lustvolles Miteinander-Umgehen. Spiele für zwei bis zweihundert, für die ganze Familie und für den ganzen Tag, Rezepte für ein Spielfest und dafür, wie man Spiele spielend leitet.

❏ New Games
Die neuen Spiele
Band 2
A. Fluegelmann
192 S., 20,7 cm x 22,6 cm, Pb., 230 Fotos
32.00 DM

Nach dem großen Erfolg des ersten Bandes "New Games" werden wieder über sechzig Spiele mit lustigen Beschreibungen und vielen Fotos vorgestellt. Sie finden außerdem Hinweise, wie man andere fürs Spielen begeistern kann, welche Ideen hinter den neuen Spielen stecken und wie man neue Spiele erfindet.

❏ New Games Fallschirmspiele
Dale LeFevre, Todd Strong
ca. 130 S., Pb., viele Fotos
ca. 24.80 DM *(Winter 93/94)*

Fallschirme sind nicht nur gut zum Fliegen. Sie eignen sich auch ideal für Spiele am Boden. Unsere "New Games: Fallschirmspiele" bieten 60 neue Spielideen, die es in sich haben: Spiele für Kinder und Erwachsene, für Müde und Muntere, für Behinderte und Nichtbehinderte, für drinnen und draußen. Außerdem gibt es Hinweise für GruppenleiterInnen und viele praktische Tips für ein luftiges Vergnügen.

❏ Bilder, Märchen, Phantasiereisen
Kreatives Gestalten mit Kindern
Iris Niederprüm
Kiga/GS, 78 S., A4, Papph.
30.00 DM

Kinder brauchen Raum für den Ausdruck ihrer Gefühle, für die Auseinandersetzung mit Konflikten, Wünschen und Phantasien. Diese Aktivmappe bietet, basierend auf kunsttherapeutischen Ansätzen, theoretische und praktische Anleitungen zum kreativen Arbeiten für alle, denen phantasievolles Tun mit Kindern Spaß macht. Der Praxisteil enthält Anregungen, die an bestimmten Entwicklungsphasen und aktuellen Konflikten der Kinder anknüpfen: ausgewählte Bilderbuchgeschichten, Märchen, Phantasiereisen, "Unsere Gefühle", "Familienbilder", Drachenkinder-Geschichten zum Weitererzählen und Malen, Kreativitätsübungen mit Ton, Finger- und Wasserfarben, Übungen zur Körperwahrnehmung. Der Theorieteil vermittelt Anleitungen zum therapeutisch orientierten kreativen Gestalten.

❏ Sinn-Salabim
Tasten - Hören - Sehen:
Spiele und Theaterprojekte für Kinder
L. Ackermann, B. Müller, R. Urfer (Hrsg.: D. Jost)
Kiga und Primarstufe, 224 S., A4, Pb.
42.00 DM

Sinne und Wahrnehmungsvermögen der Kinder verarmen immer mehr. Die Spiele für Augen, Ohren, Hände und Füße helfen, die eigenen Sinne wieder neu zu entdecken und zu entfalten: Konzentrations- und Sensibilisierungsspiele für Finger und Zehen; Tast- und Reaktionsspiele, Gesichtsakrobatik und Körperspiele, Raumerfahrung und Figurenspiele. Alle Spiele vertiefen die Bereiche Tasten, Hören oder Sehen und fördern so die Wahrnehmungsfähigkeit der Kinder. Insgesamt 380 Spiele, auf heraustrennbaren Karteikarten präsentiert.

❏ Mit Kindern die Natur erleben
Joseph Cornell
3-99 J., 152 S., 11 cm x 18,5 cm, Pb., viele Fotos
16.80 DM

Wer zusammen mit Kindern in unmittelbaren Kontakt mit der Natur kommen möchte, der findet in diesem Buch Anregung und Anleitung. Die Spiele wecken Intuition und Gefühl für die Natur, aber auch Verständnis für die ökologischen Zusammenhänge. Spielerisch entwickeln die Kinder so Liebe und Respekt für ihre natürliche Umgebung.

❏ Doch da - was ist das?
Spaß- und Nonsensstücke für
spontane Theateraufführungen
Burkhard Blatt, Klaus Arp
Ab 13 J., 144 S., 16 cm x 23 cm, Pb., mit Fotos
24.80 DM

Wo immer Gruppen (Verein, Skigruppe, VHS-Kurs, Schulklasse, Theatergruppe usw.) gesellig beisammen sind, sorgen die Stücke aus dem Buch für den fröhlichen Höhepunkt des Tages. 10 hochdramatische Grotesken, sensible Rührstücke, zarteste Romantik und kabarettreifer Klamauk stehen zur Auswahl: von "Willi der Wilddieb" über "Olaf der Ölscheich", vorbei am "Nordischen Wintermärchen" bis hin zum tiefverzweifelten Heimatstück "Das Matterhorn". Spontanes Spiel nach den Vorgaben eines Bühnensprechers ist das Mittel, Schauspieler ist jeder, der will oder muß. Der reine Spaß, ohne Auswendiglernen!

Tolle Ideen

je 128 Seiten,
A4-quer, Paperback,
viele Zeichnungen
24,80 DM/
194,- öS/24,80 sFr

✯ Spielen und Darstellen
Jane Fulford u.a.
Von Aufwärmübungen über erste, kindgemäße Darstellungsformen bis hin zu Tips und Hilfen für das freie Spiel und die Aufführung finden Sie in diesem Band eine Fülle von Anregungen und Ideen.

✯ Tanz und Bewegung
K. Harrison, J. Layton, M. Morris
Das Buch arbeitet mit Szenen aus der Erfahrungs- und Phantasiewelt der Kinder und setzt sie in bewegte Szenen und Übungen um. So wird die Motorik und Bewegungskoordination spielerisch trainiert. Auch das Abreagieren eines Fernsehwochenendes fehlt nicht.

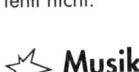

✯ Musik
Richard Addison
Tolle Ideen Musik bietet einen lockeren, gleichzeitig aber fundierten Einführungskurs in die Formen und Ausdrucksmöglichkeiten von Musik. Alles ist klar und übersichtlich erklärt, auch Laien können damit arbeiten. Die Ideen können als Kurs oder einzeln eingesetzt werden.

✯ Sportspiele
Pauline Wetton
Über 110 konkrete Ideen für das Sporttraining. Im ersten Teil sind die Aktivitäten nach Altersstufen für Kinder von 5 bis 11 Jahren geordnet. Dann gibt es zahlreiche Ideen für kurze Spiele von 5 bis 10 Minuten Dauer. Und natürlich auch Trainingseinheiten für Sportarten wie Basketball, Fußball, Volleyball, Leichtathletik, Kricket und Baseball.

✯ Mathe-Spiele
Rosemarie Brewer, Marion Cranmer
54 einfache, spannende und spaßige Spiele, zum Teil angelehnt an "Spiele-Klassiker", vermitteln nebenher mehr an Wissen über die Bereiche "Gruppen", "Zahlen", "Messen" und "Geometrie" als viele Lehrbücher.

✯ Mathe Aktiv
Julia Matthews (Hrsg.)
Tolle Ideen Mathe Aktiv quält die Kinder nicht mit abstrakten Zahlen, sondern führt sie nah an ihrem Alltag mit praktischen Problemstellungen und spielerischen Erfahrungen in die verallgemeinernde Sprache der Mathematik ein.

✯ Mathe-Werkstatt
David Bell
Die praktische Seite der Mathematik wird an unterschiedlichsten Themenbereichen behandelt: Einkaufen, Mathe in der Stadt und zu Hause, Reisen, Zeit, Sport, Weihnachten, Lebensmittel usw. Die Projekte umfassen sowohl kurzfristige Aktivitäten innerhalb einer Klasse als auch längerfristige Aufgaben, die auf die ganze Schule ausgedehnt werden können.

✯ Geschichte für Kinder
Lucy Hall
Geschichte ist auch für Grundschulkinder eine spannende Sache, wenn sie, wie hier, alltagsorientiert ist. Basteleien, Rollenspiele und kleine Projekte vom alten Ägypten bis zur Gegenwart vermitteln den Kindern hautnah, wie Menschen früher lebten und was das mit unserem Alltag heute noch zu tun hat.

✯ Lernspiele Deutsch 1
Diana Bentley u.a.
Sprach-, Lese- und Schreibaktivitäten für einen spielerischen ersten Deutschunterricht. Mit Bildern, Rätseln, Wettspielen u.v.m können sich Kinder Buchstaben, Wörter und erste Texte erobern. Lieblingsbücher, die vorgelesen, erzählt und phantasievoll verarbeitet werden, reizen zum Weiterlesen. Gedächtnis-, Hör- und Tastübungen begleiten den Entwicklungsprozeß.

✯ Lernspiele Deutsch 2
Diana Bentley u.a.
Spannende Sprach-, Lese- und Schreibaktivitäten für Fortgeschrittene. Schreiben und Lesen als Schlüssel zur Welt - das Erstellen von Adressbüchern, Lebensläufen oder Wegbeschreibungen ist genauso wichtig wie das Briefeschreiben oder die ersten Reimversuche.

✯ Sprachentwicklung
Frankie Leibe (Hrsg.)
Die Kinder lernen spielerisch einen größeren Wortschatz, lernen Geschichten zu erzählen, sich mitzuteilen, einfach Spaß an der Sprache zu haben. Die meisten Spiele bieten sich auch für den Einstieg in eine fremde Sprache an.

✯ Aktiv durch den Sommer
Denzil Coates
Die sommerlichen Spiele und Aktivitäten bereichern phantasievoll jeden Grundschulunterricht, spornen aber auch über die Schule hinaus an, die heiße Jahreszeit aktiv zu erleben.

✯ Aktiv durch die Jahreszeiten
Janet Eyre (Hrsg.)
100 Ideen für Mathematik, Naturwissenschaft, Sprache, Hauswirtschaft, Musik, Sport und Werken helfen Kindern, ihren Spaß an der Natur mit Spaß am Erkunden und Lernen zu verbinden.

✯ Weihnachten kreativ
Sue Loveridge, Mary Smart
Viele kreative Ideen für Selfmade-Bescherungen, lamettafreien Christbaumschmuck, festliche Tischdekorationen, Weihnachtskarten mit persönlicher Note etc. Vergessene Bräuche und Weihnachtssitten anderer Länder liefern weitere tolle Bastelvorschläge rund ums Fest der Feste.

✯ Sachkunde
Jill Bennett, Roger Smith (Hrsg.)
Über 100 Ideen, Experimente und Aktivitäten zu den Themen: Brücken, Bälle, Zeit, Luft, Wasser, Stoffe und Materialien, Licht, Unser Körper, Wir in der Welt. Alle Versuche, Untersuchungen und Spiele lassen sich ohne großen Aufwand durchführen. Eine Fundgrube für die ersten "wissenschaftlichen" Gehversuche.

✯ Sachkunde-Spaß
Tony Griffith
In diesen *Tollen Ideen* wird in über 70 Versuchen, Zaubereien, Tricks, Experimenten "Sachkunde-Spaß" vermittelt. Am Anfang aller Erkenntnis steht das persönlich Erfahrene: Da passiert was - wie kommt das?

✯ Ich und meine Umwelt
Merryn Hutchings, Alistair Ross
"Ich und meine Umwelt" bietet eine Vielfalt von Aktivitäten, um Kinder dabei zu unterstützen, sich mit ihrer Umwelt auseinanderzusetzen. Die handlungsorientierten Projekte erschließen diverse Aufgabenschwerpunkte wie Kartenzeichnen und -lesen, Wetter und Jahreszeiten, natürliche und gestaltete Umwelt, Arbeitsstätten und Berufe, Fahrrad und Straßenverkehr, privates und soziales Leben.

✯ Fernsehen durchblicken
Medienerziehung
Avril Harplay
Fernsehen lähmt Kinder. Verbieten aber hilft nicht weiter. Sinnvoller ist es, dem Handlungsentzug durch die Glotze mit medialem Handeln der Kinder selbst zu begegnen. Dieses Buch bietet viele Anregungen zum spielerischen, kindgemäßen Herangehen: Bildanalysen, Werbung, Seifenopern, Nachrichten, Kommunikation, Produktion werden den Kindern handelnd veranschaulicht. Mit einer Einführung in die Fotografie und den Umgang mit Videokamera, Tonband und Cassettenrecorder.

Dies ist nur ein Teil unseres Programms. Fordern Sie bitte den aktuellen, kostenlosen Gesamtkatalog an.

Verlag an der Ruh
Postfach 10 22 51, 45422 Mülheim a.d. Ruh
Tel.: 0208 / 49 50 40, Fax: 0208 / 495 0 49